Ich komme, bring und schenke dir

Ich komme, bring und schenke dir

Weihnachtliche Entdeckungen

Herausgegeben von Thomas Nahrmann

Patmos Verlag

VERLAGSGRUPPE PATMOS

PATMOS
ESCHBACH
GRÜNEWALD
THORBECKE
SCHWABEN

Die Verlagsgruppe
mit Sinn für das Leben

Für die Schwabenverlag AG ist Nachhaltigkeit ein wichtiger Maßstab ihres Handelns. Wir achten daher auf den Einsatz umweltschonender Ressourcen und Materialien. Dieses Buch wurde auf FSC®-zertifiziertem Papier gedruckt. FSC (Forest Stewardship Council®) ist eine nicht staatliche, gemeinnützige Organisation, die sich für eine ökologische und sozial verantwortliche Nutzung der Wälder unserer Erde einsetzt.

Umschlaggestaltung: Finken & Bumiller, Stuttgart
Umschlagabbildung:
© Jonas Buntebruch/www.buntenbruch.de/leit-farben/photocase.de
Druck: CPI – Ebner & Spiegel, Ulm
Hergestellt in Deutschland
ISBN 978-3-8436-0442-0

Inhalt

Vorwort

Weihnachten im Hochsommer. Ferienzeit. Die Sonne beschert 35 Grad Celsius. Dicht und dichter, Seit an Seit liegen die Menschen am Strand faul auf der Haut oder suchen wohltuende Abkühlung im Meer. Aus der nahegelegenen Bar tönt »Jingle Bells«. Eine merkwürdige Atmosphäre für einen Europäer, der auf der Südhalbkugel unseres Planeten während der Weihnachtszeit Urlaub macht. Vieles ist dort anders: Es gibt keine langen, dunklen Nächte, kein anheimelndes Kaminfeuer und eine schneebedeckte Landschaft braucht man sich gar nicht erst herbeizuwünschen. Aber nicht alles ist anders: Überall entdecke ich Weihnachtsmänner, die globalisierte Symbiose des heiligen Nikolaus von Myra und seines als strafenden Gegenspieler dargestellten Knechtes Ruprecht – auf unserem Campingplatz steht ein überlebensgroßer, aufgeblasener mit Surfbrett unter dem Arm. Tannenbäume, selbstverständlich künstliche, die Tanne ist schließlich gar nicht heimisch und eigentlich unbekannt, stehen an jeder Straßenecke und in den Einkaufspassagen, geschmückt mit roten und goldenen Kugeln und großen Geschenkpaketen behangen. Weihnachtsmann, Tannenbaum, Geschenke – das ist die Ikonografie von Weihnachten, die wohl weltweit verstanden wird, mit »Jingle Bells« als Begleitmusik. Ich bin tief gespalten: Soll ich die Gelegenheit ergreifen und Weihnachten für dieses Jahr ganz aus meinem Gefühlsleben streichen oder mich gerade wegen der offensichtlichen Oberflächlichkeit mit dem Sinn dieses Festes befassen?

»Ich steh an deiner Krippe hier« gehört zu den schönsten Weihnachtsliedern, die ich kenne. In ganz einfachen Worten formuliert sein Autor Paul Gerhardt hohe Theologie. »Ich komme, bring und schenke dir«, heißt es in der zweiten Zeile. Wer spricht da eigentlich? Etwa die Sterndeuter, die dem neugeborenen Jesuskind Gold, Weihrauch und Myrrhe als Geschenk darbringen? Nein. *Ich* singe doch das Lied. Aber was sollte ich dem Kind denn schenken wollen und können? »Was du mir hast gegeben«, heißt es in dem Lied weiter. Wie denn? Ich soll etwas schenken, was ich bereits erhalten habe? Bin ich etwa der vorab Beschenkte? Heißt das, ich kann und darf schenken, weil ich längst beschenkt worden bin? Und ist das vielleicht der tiefere Sinn von Weihnachten …?

Dieses Lesebuch versammelt weihnachtliche Entdeckungen und Denkanstöße, die sich mit der Botschaft und dem Sinn dieses großen Festes befassen: Ein kleines, wehrloses Kind ist in die Welt gekommen, hat uns beschenkt, unsere Dunkelheit hell gemacht und der ganzen Menschheit Hoffnung gegeben.

»Jingle Bells« war ursprünglich kein Weihnachtslied, das Weihnachtsfest wird im Text nicht erwähnt. Vielleicht erklärt das den Siegeszug dieses Liedes.

Thomas Nahrmann

Die Weihnachtsgeschichte nach dem Evangelisten Lukas

Übersetzt von Fridolin Stier

Es geschah in jenen Tagen: eine Verfügung ging von Kaiser Augustus aus, die ganze bewohnte Welt sei aufzuschreiben. Diese Aufschreibung geschah erstmals, als Quirinius Statthalter von Syrien war. Und alle machten sich auf, um sich aufschreiben zu lassen, ein jeder in seine Vaterstadt. Auch Josef stieg von Galiläa, aus der Stadt Nazaret, nach Judäa hinauf zur Stadt Davids, die Betlehem heißt – er war ja aus Davids Haus und Vaterstamm –, um sich aufschreiben zu lassen mit Maria, der ihm Anverlobten. Die war schwanger. Da geschah es: Während ihres Dortseins erfüllten sich die Tage ihres Gebärens. Und sie gebar ihren Sohn, den Erstgeborenen, und sie wickelte ihn und legte ihn in einen Futtertrog, weil in der Einkehr kein Platz für sie war.

Auch Hirten waren in demselben Land auf freiem Feld – Nachtwache wachend bei ihrer Herde. Und da! Ein Engel des Herrn trat zu ihnen, und Herrlichkeit des Herrn strahlte rings um sie auf. Und Furcht überkam sie – große Furcht. Und der Engel sprach zu ihnen: Ängstet euch nicht! Denn da! Heilsbotschaft bringe ich euch große Freude, die dem ganzen Volk widerfahren wird: Ein Retter ward euch heute geboren – er ist der Messias, der Herr – in Davids Stadt. Und dies sei euch das Zeichen: Ein Neugeborenes werdet ihr finden, das gewickelt ist und in einem Futtertrog liegt. Und plötzlich war da zusammen mit dem Engel eine Menge himmlischer Heerschar, die Gott lobte und sagte:

Herrlichkeit Gott: in den Höhen!

Und auf Erden: Friede den Menschen seines Gefallens!

Und es geschah: Als die Engel von ihnen zum Himmel weggegangen, sagten die Hirten zueinander: Gehen wir nach Betlehem hinüber und sehen dieses Wort, das Geschehnis, das der Herr uns kundgetan. Und sie gingen eilends: fanden Maria und Josef und das Neugeborene, wie es im Futtertrog lag. Als sie es sahen, gaben sie das Wort kund, das ihnen über dieses Kind gesagt worden war. Und alle, die es hörten, staunten über das, was von den Hirten zu ihnen gesagt wurde. Maria aber hielt all diese Worte verwahrt und fügte sie in ihrem Herzen zusammen. Und die Hirten kehrten zurück, Gott verherrlichend und lobend ob allem, was sie gehört und gesehen hatten – wie es zu ihnen gesagt worden war.

Lukas 2,1–20

Die Weihnachtsgeschichte nach dem Evangelisten Matthäus

Übersetzt von Fridolin Stier

Mit Jesu des Messias Ursprung war es so: Verlobt war seine Mutter Maria dem Josef. Noch ehe sie zusammenkamen, ward gefunden, dass sie im Schoße tragend war von heiligem Geist. Josef aber, ihr Mann – rechtlich wie er war, und doch nicht gewillt, sie anzuprangern – beschloss, sie im Stillen zu entlassen. Jedoch, als er dieses Sinnes geworden – da! Ein Engel des Herrn erschien ihm im Traum und sagte: Josef, Sohn Davids, ängste dich nicht, Maria, deine Frau zu dir zu nehmen. Denn: Das in ihr Gezeugte – aus Geist ist es, dem Heiligen. Einen Sohn wird sie gebären, und du sollst seinen Namen Jesus rufen, das heißt: »Gott rettet«. Denn: Retten wird er sein Volk aus seinen Sünden.

All dies ist geschehen, damit erfüllt werde das vom Herrn durch den Propheten Gesprochene, der sagt:

Da! Die Jungfrau wird im Schoße tragen
Und wird gebären einen Sohn.
Und seinen Namen wird man rufen Immanuel,
das heißt übersetzt: »Mit uns ist Gott«.

Als Josef vom Schlaf aufwachte, tat er, wie der Engel des Herrn ihm befohlen. Er nahm seine Frau zu sich. Doch nicht erkannte er sie, bis sie einen Sohn geboren. Und er rief seinen Namen: Jesus.

Als nun Jesus zu Betlehem in Judäa, in den Tagen des Königs Herodes, geboren war – da! Sternkundige fanden sich aus Ländern des Aufgangs in Jerusalem ein und sagten: Wo ist der jüngst geborene König der Juden? Wir haben sein Gestirn im Aufgang gesichtet und sind gekommen, uns tief vor ihm zu verneigen. Als der König Herodes das hörte, geriet er durcheinander, und ganz Jerusalem mit ihm. Und er versammelte alle Hohenpriester und Schriftgelehrten des Volkes und erfragte von ihnen, wo der Messias geboren werde. Sie sagten ihm: Zu Betlehem in Judäa; denn so ist es geschrieben durch den Propheten:

Und du, Betlehem, Land Juda:

Mitnichten bist du die geringste

unter den Fürstschaften Judas!

Denn aus dir kommt ein Fürst,

der weiden wird mein Israel-Volk.

Danach rief Herodes die Sternkundigen insgeheim und erkundete von ihnen genau die Zeit, wann das Gestirn erschienen war. Dann schickte er sie nach Betlehem und sprach: Geht und forscht genau nach dem Kind! Sobald ihr es gefunden, berichtet mir, damit auch ich hingehe und mich vor ihm tief verneige. Sie hörten auf den König und brachen auf. Und da! Das Gestirn, das sie im Aufgang gesichtet: Voraus zog es ihnen; bis es hinkam und stillstand hoch über, wo das Kind war. Als sie das Gestirn sahen, freuten sie sich – groß, gar groß war ihre Freude. Und sie traten in das Haus und sahen das Kind bei Maria, seiner Mutter. Und sie warfen sich nieder und verneigten sich tief vor ihm. Dann öffneten sie ihre Schatztruhen und brachten ihm Gaben dar: Gold und Weihrauch und Myrrhe. Und gewiesen im Traum nicht zu Herodes umzukehren, entwichen sie auf anderem Weg in ihr Land.

Matthäus 1,18–2,12

Weihnachten –
Ein merk-würdiges Fest

Margot Käßmann

Weihnachten ist ein merkwürdiges Fest, merk-würdig im wahrsten Sinne des Wortes: Viele von uns denken an diesem Fest an früher zurück, ja, es beschleicht so manche eine kleine Sehnsucht nach Gestern: Weihnachten damals, als wir Kinder waren – erinnerst du dich? Das erste Weihnachten zu zweit, als Paar. Oder auch: das erste Weihnachten allein. Weißt du noch, als die Kinder klein waren...?

Weihnachten ist für viele Menschen wie ein Brennpunkt, an dem sich das Leben und damit die Erinnerung konzentriert. Während sonst das Jahr oft zerfließt, ist das Weihnachtsfest ein klarer Höhepunkt. Und wenn es uns nicht so gut geht, ein entscheidender Tiefpunkt. Auch und gerade ein Weihnachtsfest, an dem wir traurig waren, einsam oder verzweifelt, gräbt sich tief in unser Gedächtnis.

Viele schauen auch nach vorne: was wäre, wenn? Kann ich auf die neue Arbeitsstelle hoffen? Ob unsere Liebe Bestand haben wird? Was wird kommen? Kann ich mich Gott anvertrauen?

Ja, Weihnachten ist ein Jahreshöhepunkt in unserem Leben. Deshalb gibt es wohl all den Perfektionsdruck, der aus der biblischen Geschichte ja gar nicht abzuleiten ist. Das möchte ich immer wieder sagen: Diese Geburt war kein romantisches Kapitel einer Soap Opera – es geht um Gott, der zu uns Menschen kommt.

Weihnachten als Zäsur im Jahr – deshalb sind wir vielleicht an diesem Fest auch besonders verletzlich. Und so kommen die großen Lebensfragen und die großen Glaubensfragen an die Oberfläche, die wir sonst im Alltag oft an die Seite schieben: Wo bin ich eigentlich angekommen in meinem Leben? Weiß ich, wo ich hin will? Wer steht mir zur Seite? Was heißt das, wenn Gott Mensch wird? Wie verstehen wir das: Jesus ist Gottes Sohn? Können wir diese alte Geschichte glauben in unserer hochtechnisierten Welt?

Diese Fragen sind so alt wie der christliche Glaube. Dazu möchte ich Sie hineinnehmen in ein intensives Gespräch der allerersten Stunde. Nikodemus, ein gebildeter Pharisäer, führt es mit Jesus. Nikodemus fragt, will verstehen, ringt mit dem Glauben daran, dass Jesus Gottes Sohn ist. Wie soll er das begreifen? Wie sollen wir das begreifen? Jesus versucht zu erklären. Ein entscheidender Satz seiner Antwort lautet: »Also hat Gott die Welt geliebt, dass er seinen eingeborenen Sohn gab, damit alle, die an ihn glauben, nicht verloren werden, sondern das ewige Leben haben.« (Johannes 3,16)

Das ist sozusagen eine kurze Erklärung des christlichen Glaubens, kürzer geht es kaum. Lassen Sie uns die drei Teile genauer anschauen: die Liebe Gottes, den Sohn, an den wir glauben, und uns, die wir nicht verloren sind.

Gott liebt tatsächlich diese Welt. Das ist schwer zu verstehen, denn diese Welt ist wahrhaftig nicht immer liebenswert. Und wir Menschen sind es auch nicht. Selbst wenn wir nach außen eine großartige Fassade darstellen – wir wissen schon, wo wir nicht perfekt sind und schon gar nicht liebenswert. Aber diese Welt mit ihren Mängeln, mit dem, was nicht stimmt, die liebt Gott so sehr, dass er sich auf sie einlässt. Das ist wie mit der Liebe bei uns. Da sagt doch mancher: die Frau! Lass die Finger von ihr. Der Mann? – Mit dem wird das nichts! Sieh zu, dass du Land gewinnst! Aber wo die Liebe hinfällt, das entscheidet selten die Vernunft. Und so liebt Gott wohl auch dich und mich und diese Welt...

Deshalb können wir uns auch da Gott anvertrauen, wo wir Fehler machen, nicht weiter wissen. Wer Leidenschaft liebt, hat ein großes Herz und kann vergeben. Das ist Ihnen sicher auch schon begegnet, dass plötzlich die Liebe stärker ist als das, was recht ist. Oder wir sehen unsere Kinder und werden nachsichtig, weil sie doch liebenswert sind, auch wenn sie nicht unseren Normen entsprechen. Und dasselbe gilt auch umgekehrt für die Eltern. Da müssen die Kinder manches Mal Nachsicht haben und Geduld bewahren.

Die großartige Botschaft von Weihnachten lautet: Gott liebt uns leidenschaftlich! Auch wenn alle anderen sich abwenden, wenn ich mich völlig verlassen fühle, wenn ich nicht mithalten kann, ist diese Liebe da, als Angebot. Nicht bestellt, nicht vorgemerkt, einfach so. Es wird keine Kreditkarte verlangt.

Da ist schon ein Plus auf unserem Konto. Deshalb können wir unseren Lebensweg mit Gott gehen. Ja, Menschen versagen, das weiß auch Gott. Wie viele wenden sich ab und sagen: Gott – brauche ich nicht! Wer einmal in der Liebe enttäuscht wurde, weiß, wie weh das tut. Liebe begegnet Zurückweisung. Du liebst mich – dein Problem! Ich will dich nicht! Ich kann ohne dich leben. Ich liebe einen anderen, eine andere. Das kann zutiefst verletzen. Wohl auch Gott ... Aber die Liebe Gottes zu uns ist größer als unsere Zurückweisung, sie nimmt sich unserer Fragen und Fehler an, sie ist auch eine schmerzhafte Liebeserfahrung. Angst und Verletzung und Trauer – sie gehören zur Liebe dazu. Erst wenn die Liebe erkaltet ist in Lieblosigkeit, verletzt auch nichts mehr. Dann aber ist die Beziehung zu Ende.

Mit Jesus will Gott die ganze Welt retten, sagt der Vers aus dem Johannesevangelium. Das ist schon ein großes Spannungsfeld: Gott liebt nicht nur die, die alles wissen, die korrekt leben und richtig glauben. Nein, Gott hat großes Interesse an denen, die wie Nikodemus fragen und zweifeln und nachhaken. Das hat schon so manchen geärgert, der meinte, so ganz auf dem rechten Weg zu sein, Gott aber gibt nicht nur Zinsen nach eingezahltem Guthaben, sondern schenkt, einfach so, ganz unökonomisch. Das zu erkennen ist eine Erfahrung von Befreiung: Ich muss nicht alles wissen, nicht alles ganz richtig machen. Gott denkt an mich, Gott sieht mein Leben an und will mir einen Weg in die Zukunft eröffnen, der viel weiter ist als das, was wir sehen.

Oder ist das jetzt zu billig? »Billige Nacht – Heilige Nacht« titelte vor ein paar Jahren der »Spiegel«. Deutschland auf dem Weg zum Geizwahn sozusagen …

Ist da auch Weihnachten billig zu haben? Ein bisschen Kitsch, ein bisschen Lichterglanz, schönste Harmonie, und das war's dann? Das wäre und ist in der Tat eine Täuschung. So wird Weihnachten verscherbelt im aktuellen deutschen Geizwahn – Habgier und Geiz gehören übrigens von Anfang an zu den biblischen Lasterkatalogen. Zurück bleibt dann Enttäuschung und Leere. Gerade der Text aus dem Johannesevangelium macht klar, dass die Geburt des Gotteskindes erst vom Ende her betrachtet etwas Besonderes ist. Erst von Kreuz und Auferstehung her verstehen wir sie als eine ganz besondere Geburt. Und das ist nicht billig. Wer sich mit dem Tod auseinandersetzt, erkennt, wie begrenzt und wie teuer das Leben ist. Der erkennt, dass Leben auch mehr ist, als ich in Euro oder Shareholder Value oder Ansehen oder Sicherheit rechnen kann. Das Leben jetzt und hier ist eine begrenzte Zeit, beschränkt durch den Tod – den jenes Kind in der Krippe in die Schranken gewiesen hat. Das ist das Entscheidende!

Johannes nennt das Ziel der Liebe Gottes: Wir Menschen sollen nicht verloren sein. Mich berührt das sehr. Wie schnell ist ein Leben verloren. Ich denke an die, die keinen Halt finden. Mich empört zutiefst, dass in einigen europäischen Ländern diskutiert wird, für Lebensmüde eine Todespille freizugeben. Was ist das für eine Welt? Wer nicht mehr mithalten will – wird ent-sorgt. Statt dass wir fürsorgen! Oder kostet es zu viel Engagement, Lebensmüde wieder lebensfroh zu machen, so dass sie eines Tages lebenssatt sterben dürfen?

Geben wir alle die verloren, die nicht mehr mithalten können? Hartz IV ist da ja ein Symbol geworden. Ist verloren, ja überflüssig, wer darauf angewiesen ist? Oder machen wir deutlich: Wir sorgen für dich mit, es gibt eine Gemeinschaft, die jetzt und hier hält und trägt. Und darüber hinaus wird Gott dich und uns halten und tragen – jetzt und hier und über die Grenzen unserer Welt.

Aber ist nicht unsere ganze Welt wahrhaftig ein Ort der Verlorenen, wenn wir etwa die grauenvollen Berichte aus dem Kriegschaos an verschiedenen Orten hören? Mir fällt es manches Mal schwer, einzuschlafen, wenn ich das höre und lese. Da wird eine Mutter erschossen, ihr Baby liegt zwei Tage schwer verletzt neben ihr, bis es gefunden ist. Jetzt liegt es in einem Krankenhaus, notdürftig versorgt – es gibt keinen Ton mehr von sich, aber Tränen laufen über seine Wangen. Ein Kind in Not. Wie das Kind in der Krippe. Mein Gott, wo bist du? fragen wir. Und das fragen wir auch, wenn die Nachrichten selbst in den Weihnachtstagen täglich geradezu aufreizend banal die Totenzahlen aus den Krisengebieten nennen. Da möchte ich wie Nikodemus mit Jesus selbst um Antworten ringen.

Doch, die Welt scheint oft wie ein Ort der Verlorenen. Das sind wir, wenn jede Form des Mitleidens, des Engagements füreinander in Kälte und Raffgier erstarrt. Das ist unsere Welt, wenn wir sie widerstandslos dem Krieg und der Ungerechtigkeit überlassen. Das ist aber auch genau die Welt, die meint, sie brauche Gott nicht.

Gott sucht die Verlorenen – das ist die Verheißung. Gott will uns eine Perspektive geben über dieses Leben hinaus und zwar von Ostern her, von der Auferstehung. Gottes Welt ist größer als das, was wir sehen. Gerade deshalb treten wir an gegen Kälte und Lieblosigkeit, gegen Hass und Gewalt in dieser Welt. Oft in kleinen Schritten, ja. Aber jeder kleine Schritt zündet ein Licht an in der Finsternis. Darum geht es an Weihnachten. Wir wollen in dieser Welt handeln, mit unserem Leben antreten gegen das, was Leben und Liebe und Zukunft zerstört, gegen Hass, Gewalt, Unrecht und Krieg. Da geht es um Hoffnung und nicht um Kitsch, um Licht und nicht um grelles Blenden. Lichter der Liebe und der Hoffnung.

Ein Nikodemusnachtgespräch. Vielleicht ist das genau das richtige für Weihnachten. Solche Gespräche sind bis heute die wichtigsten in unserem Leben. Wir führen sie zu selten – und dann oft allein. Abends im Bett, wenn du nicht schlafen kannst vor Kummer. Beim Besuch der todkranken Mutter. Mein Gott, wo bist du? Und dann fehlen uns Worte. Wir finden sie nur im Gespräch miteinander. Vielleicht gibt es ja bald eine gute Gelegenheit dazu. Nicht schwermütig, nein. Aber angefüllt vom Schein des Lichtes der Hoffnung Gottes in dieser Welt.

Den Gottesbeweis werden wir in solchen Gesprächen nicht endgültig finden, das ist mir klar. Aber wir können Gott ahnen, erfahren. Wenn wir uns dafür öffnen – und am Heiligen Abend sind viele Menschen offener als im Alltag. Wenn wir spüren, da sind andere, die uns lieben. Wenn uns plötzlich mehr Kraft zuwächst, als wir erahnt haben. Wenn wir in der Einsamkeit doch wahrnehmen: ich bin nicht allein. Wenn Gottes Engel uns leise berührt und sagt: Ich bin da! Wie können wir glauben, was wir nicht sehen? Das bleibt die Nikodemusfrage für uns alle. Mich hat in diesem Zusammenhang eine Inschrift berührt. Sie wurde gefunden an der Wand eines Raumes in Köln, in dem Juden vor den Nationalsozialisten versteckt wurden. Menschen in Angst und Hoffnungslosigkeit in tiefster Finsternis haben dort die Botschaft hinterlassen: »Ich glaube an die Sonne, auch wenn sie nicht scheint; ich glaube an die Liebe, auch wenn ich sie nicht spüre; ich glaube an Gott, auch wenn er schweigt.

Das sind grandiose Worte der Hoffnung mitten in der Finsternis. Da wird übersetzt, was Johannes meint, wenn er von der Liebe Gottes zu den Verlorenen spricht. Nikodemus tut sich schwer. Schwerer als die junge Frau Maria, die sich der Botschaft eines Engels anvertraut. Schwerer als die Hirten, die genau dies auch tun. Schwerer als die Fischer und die Frau am Brunnen und die Hure und der Zöllner. Sie schlagen ein in die ausgestreckte Hand, sie setzen alles auf eine Karte und vertrauen sich dem Sohn Gottes an. Nikodemus aber ist einer, der das nicht so einfach kann. Ich finde, das macht ihn sympathisch, auch wenn der Text dadurch nicht eine so schöne Geschichte wurde, wie sie Lukas in der Weihnachtsgeschichte erzählt. Nikodemus ist wie die Menschen heute in unserem Land: Wir tun uns schwer mit dem Glauben, wir haben so viele Fragen, wollen klare Antworten. Und genau damit hat Jesus große Geduld in diesem Gespräch. Er geht auf all die Fragen und Zweifel ein.

Deutlich wird aber auch: Wer ein Nikodemusnachtgespräch führt, ist nicht am Ende der Beziehung. Wer nach Gott fragt, ist mitten drin. Und wird eines Tages sich einlassen auf diese Liebe, diese ausgestreckte Hand, die uns berühren will, wenn er es wagt, wenn sie es wagt, zu vertrauen. Ja, Glauben ist auch ein Wagnis. Vielleicht heute im 21. Jahrhundert mehr denn je. Aber es ist zu spüren in unserem Land, dass die Sehnsucht wächst, dieses Wagnis einzugehen. Und das macht Hoffnung.

Der Heilige Abend ist die Nacht der Stille, der Erwartung, der Träume. Die Nacht, in der die Welt in Wehen liegt, in der Neues beginnen will. Nacht, die ankommt – bei uns. Nacht, in der Gott kommt – in unser Leben. Nacht, die zum Licht wird, die begeistern will. Die bestaunt sein will.

An diesem Abend feiern wir die Geburt des Gotteskindes. Geboren aus der Liebe Gottes. Und so werden auch wir am Heiligen Abend neu geboren, zur Welt gebracht aus Liebe. Lassen Sie sich auf diese Liebesbeziehung ein. Eine Liebesbeziehung mit Gott. Verliebt. Da sieht ein Mensch die Welt mit anderen Augen. Alles ist in anderem Licht, im Licht der Liebe. Jemand geht an meiner Seite – da ändert sich mein Blick, und durch meinen Blick können andere neu werden.

Ja, neue Lebenswege eröffnen sich. Gott liebt dich, so wie du bist. Gott geht mit dir heute und morgen und weit darüber hinaus. Und du kannst andere lieben und mit ihnen gehen und für sie eintreten. In aller Freiheit. Das ist die Botschaft von Weihnachten. Gesegnete Weihnachten.

An Weihnachten feiern wir nun den Geburtstag jenes Jesus von Nazareth, der gesagt hat, er sei zu denen gekommen, die ganz unten sind. In ihm komme Gott selbst zu denen unten. Nicht nur zu den armseligen Landarbeitern von Bethlehem, deren Elend wir zu einer Art Schäferidylle aufgeblasen haben, sondern zu jedem, der in irgend einem Sinn unten ist. Und Gott sehe ihn an. Er sehe ihn etwa so, wie ein liebender Mensch einen geliebten Menschen sieht. Es gibt keine wacheren, keine wissenderen Augen als die der Liebe.

Jörg Zink

Mit jedem Kind erscheint
am Himmel ein neuer Stern

Uwe Wolff

War Jesus der Sohn einer Jungfrau?

Jede Geburt wird von einem Engel angekündigt. Wenn wir die Welt betreten, dann steht er uns zur Seite. Er sagt: Du bist gewollt. Schön, dass du da bist. Du wirst deinen Weg nicht alleine gehen. Gott liebt dich, und ich werde dir zur Seite stehen. Auch Jesu Geburt wurde von einem Engel angekündigt. Sein Name lautet Gabriel. Er ist der Engel der Geburt, der Fruchtbarkeit, der Inspiration und des Neuanfangs.

Mit jedem Kind wird die Welt neu geboren. Das gilt für die Geburt Jesu in ganz besonderer Weise. Doch unser Leben beginnt lange vor der Geburt. Das weiß heute jedes Kind. Das erste Bild im Fotoalbum ist oft eine Ultraschallaufnahme. Wenn wir sie betrachten, dann stellen sich Fragen ein: Seit wann bin ich? Bin ich seit der Geburt? Bin ich ab dem dritten Monat der Schwangerschaft? Bin ich seit dem Augenblick der Zeugung?

Die Reihe der Fragen kann mühelos verlängert werden: Wo war ich, bevor ich gezeugt wurde? Im Himmel? Lebte ich schon einmal auf der Erde? Ist die Geburt eine Wiedergeburt?

Die Geschichte eines Menschen kann aus verschiedenen Blickwinkeln erzählt werden. Eine Perspektive ist irdisch, die andere himmlisch. Eine erzählt von den äußeren Bedingungen unseres Lebens, die andere von den inneren Bedingtheiten. Die eine erzählt von der materiellen Seite unseres Lebens und unseren leiblichen Eltern, von dem Land, in dem wir aufwuchsen, von der Zeit und den Menschen, die uns prägten, die andere richtet den Blick auf unsere Seele und den Vater im Himmel. Jesus war die Geschichte der Seele wichtiger als alle familiären Bande und Bindungen.

Engel sind Boten Gottes. Sie sind die unsichtbaren Begleiter auf unserer Reise durch das Leben. Unsere Seele ist ihrem Schutz anvertraut. Sie begleiten die Seele auch auf ihrem ersten Weg in den Mutterleib, wo sie in dem sich bildenden Leib eine Zeit wohnen wird. Gabriel kündigt die Inkarnation Jesu an. Der Ort ist die kleine Stadt Nazaret in Galiläa. Sie liegt weit entfernt von der Hauptstadt Jerusalem und gilt als tiefste Provinz. Die Begegnung zwischen Gabriel und Maria ist so oft gemalt worden, dass ein Blick in die Bibel geradezu ernüchternd wirkt: Wir erfahren nichts über die äußere Gestalt des Engels. Kein Heiligenschein, kein langes blond gelocktes Haar, kein prachtvolles Gewand. Nicht einmal von Flügeln ist die Rede. In den Legenden der Muslime hat Gabriel die Gestalt einer Frau. Als die Mutter des Propheten Mohammed kurz nach der Geburt stirbt, tritt er an ihre Stelle und säugt das Kind. Ist der Engel der Geburt in der Bibel ein Mann oder eine Frau? Wir erfahren es nicht.

Auch über Maria sind die Informationen spärlich. Auf Bildern sehen wir sie in blauen und roten Samt gekleidet, über ein Buch gebeugt, eine Lilie in der Hand. Nichts dergleichen findet sich in der Bibel. All das ist spätere Ausschmückung und Deutung des Ereignisses, das sich ganz auf der unsichtbaren Ebene im Innenraum des Herzens vollzog.

Der Name Maria gehört noch immer zu den beliebtesten weiblichen Vornamen. Das war zur Zeit der Geburt

Jesu nicht anders. Im Hebräischen lautet er Miriam. Maria war zwischen zwölf und vierzehn Jahren alt, als sie schwanger wurde. Nach orientalischem Brauch war sie früh verlobt worden. Ihr Verlobter hieß Josef und übte den Beruf des Zimmermanns aus. Selbstverständlich lebte Maria vor der Eheschließung noch in ihrem Elternhaus. Hier fand wohl die Begegnung mit Gabriel statt. Das Haus wird aus einem Raum bestanden haben. Eine Kochstelle, Sitzkissen, die abends auch als Schlafstätte dienten, vor dem Haus zwei Ziegen – ein Haus wie jedes andere in Nazaret. Keine Toilette, kein fließendes Wasser, keine Heizung. Wenn Maria auf die Straße trat, dann bedeckte sie wie alle jungen Frauen ihre Haare mit einem Kopftuch oder Schleier.

Wenn Engel erscheinen, dann sind wir mit ihnen allein. Denn was sie zu sagen haben, geht nur uns etwas an. Engel sprechen Worte des Herzens. Wir können sie annehmen oder verwerfen. Einen dritten Weg gibt es nicht. Gabriel suchte Maria in ihrem Elternhaus auf. Ob Vater, Mutter oder Geschwister anwesend waren, wird nicht berichtet. Ob es Tag oder Nacht war, bleibt ungesagt. All das ist unwichtig, wenn der Engel der Geburt kommt. Maria spürt ihn im innersten Herzensraum und erschrickt. Der Engel bittet nicht und fragt nicht. Er teilt mit, was kommen wird. Auch den Namen des Kindes gibt er vor: Jesus. Das ist die griechische Form des alten hebräischen Namens Jeschua oder Joschua. Er bedeutet »Gott ist Hilfe«. Maria soll den Sohn Gottes empfangen. Was aber ist ein »Sohn Gottes«? Eine bildhafte Redewendung für die Liebe, die in allen Kindern Gottes wohnt? In der griechischen Mythologie gibt es Götter in Menschen- oder Tiergestalt, die mit Frauen Kinder zeugen, Halbgötter wie Herakles oder Perseus. Die jüdische Mythologie kennt Dämonen, die auf die Erde kommen und mit den Frauen Kinder von riesenhafter Größe zeugen. Doch Marias Gott hat keine Söhne im leiblichen Sinne. Auch wäre die Vorstellung völlig abwegig, er habe in der Gestalt eines Menschen mit Maria das Kind Jesus gezeugt. Als sie die Botschaft des Engels vernimmt, denkt Maria nicht einen Augenblick in diese Richtung. Sie bezieht die Worte des Engels auf Josef. Sie hat keinen vorehelichen Geschlechtsverkehr mit ihm gehabt. Wie soll sie da den Sohn Gottes empfangen? Der Engel spricht vom Heiligen Geist und der Kraft des Höchsten und dass bei Gott kein Ding unmöglich sei. Das ist keine Erklärung nach Menschensinn. Da gibt es nichts zu verstehen. Da gibt es nur Abwehr oder Annahme. Maria nimmt die Botschaft an und gilt von diesem Moment an als mit Jesus schwanger.

Später ist über die jungfräuliche Empfängnis viel gerätselt und gestritten worden. Kirchenväter stellten die Lehre auf, Maria sei nicht nur vor, sondern auch während und nach der Geburt Jesu Jungfrau gewesen. Juden verunglimpften Maria als Hure, die auf böse Weise die Frucht ihres Fehltrittes legitimieren wollte. In jüdischen Texten aus den ersten nachchristlichen Jahrhunderten wird Jesus als Sohn einer Prostituierten bezeichnet. Im Talmud ist er der uneheliche Sohn der Mirjam. Seine Mutter habe den als anstößig geltenden Beruf der Haarflechterin ausgeübt. In dem jüdischen Volksbuch Toldoth Jeschu wird von Mirjam und ihrem Verlobten Jochanan erzählt. Während er fromm und gottesfürchtig lebt, gibt sie sich voller Lüsternheit einem Freund ihres Verlobten mit Namen Josef hin. Da sie den Verkehr während der Menstruation ausübt, begeht sie einen doppelten Tabubruch. Die Folgen zeigen sich in einer weiteren Entsittlichung: »Von da an gab sie sich ihm und jedem, der ihr anhing, preis, wie eine der törichten Huren zu allen Zeiten und an allen Ecken.« Als sie schwanger wurde, ließ sie »ein Gerücht ausgehen, als hätte sie einen Sohn ohne männliche Beiwohnung geboren«.

Dann versuchte man die Rede von der schwangeren Jungfrau auf einen Übersetzungsfehler aus dem Buch des Propheten Jesaja – Jesaja 7,14 »Siehe, eine Jungfrau wird empfangen und einen Sohn gebären, den wird sie heißen Immanuel (Gott mit uns)« – zurückzuführen. Statt »Jungfrau«, wie in der lateinischen Übersetzung (Vulgata) sollte in dem hebräischen Original ursprünglich »junge Frau« gestanden haben. Andere wiederum wollten das Anstößige an der Jungfrauengeburt durch einen Vergleich mit anderen Religionen mindern. Schließlich gehört es zur Biografie vieler Gottessöhne und -töchter, dass sie auf wunderbare Weise zur Welt kommen. Die Theologen des Mittelalters suchten Zuflucht bei Vergleichen und Gleichnissen. Im Physiologus, dem »Biologiebuch« des Mittelalters, fanden sie die Beschreibung von zwei Tieren, deren vermeintliches Verhalten sie auf die wunderbare Geburt Jesu bezogen.

Da war zuerst die Rede von der Muschel. Ihr Lebensraum ist das tiefe Meer. Muscheln können bekanntlich Perlen bilden. Wenn ein Sandkorn in die Muschel dringt, dann wird es vom weichen Fleisch umschlossen und in einem langen Wachstumsprozess zu einer Perle geformt. Im Mittelalter dagegen wurde die Entstehung der Perle anders erklärt: Wenn ein Tautropfen vom Himmel in das Meer fällt, dann öffnet die Muschel ihre Schalen, nimmt den Tautropfen in sich auf und bildet aus ihm die Perle.

Dieses Bild einer Hochzeit von Himmel und Erde übertrug man auf Maria. Ihr Schoß war die Muschel, in der Jesus zur Perle gebildet wurde.

Eine zweite Geschichte aus dem Physiologus erzählte von dem Einhorn. Dieses Fabelwesen glich einem Pferd, trug aber auf der Stirn ein langes Horn und den Karfunkelstein, der in der Nacht rot leuchtete. Das Einhorn galt als wild und scheu. Keinem Jäger war es jemals gelungen, das Einhorn einzufangen. Doch in der Gegenwart einer Jungfrau wurde es zahm wie ein Hund und bettete sein Haupt ruhig in ihren Schoß. Auch diese Geschichte wurde auf Maria übertragen: Auf vielen Bildern ist der Augenblick der jungfräulichen Empfängnis durch ein Einhorn dargestellt. Auf dem Dominikaneraltar im Unterlinden-Museum in Colmar sitzt Maria in einem Paradiesgarten mit einem Einhorn in ihrem Schoß (Martin Schongauer, 1450–1491).

Ein weiteres beliebtes Bild für die jungfräuliche Empfängnis war der Vergleich mit einer Glasscheibe. Wie das Licht der Sonne durch das Fenster in das Zimmer dringt, ohne die Glasscheibe zu zerstören, so kam auch Gottes Sohn in den Schoß der Jungfrau ohne das Hymen zu verletzen.

Dass Jesus von der Jungfrau Maria geboren wurde, gehört bis heute zu den Kernaussagen des Glaubensbekenntnisses. Wir haben gesehen: Jede Geschichte von der Geburt Jesu ist immer schon Deutung. In der Bibel ist es nicht anders. Wir können uns ihren Texten und Bildern naiv nähern und sie wörtlich nehmen. Wir können sie aus dem Geist der Aufklärung und der Vernunft hinterfragen. Oder wir können sie mit spirituellem Spürsinn betrachten und lauschen, was sie uns in Wort und Bild zu sagen haben. Es gibt nicht nur eine Wahrheit. Dem Geheimnis eines Menschen können wir uns aus verschiedenen Blickwinkeln nähern. Deshalb erscheint das Bild Jesu von Anfang an multiperspektivisch. Nur Lukas erzählt von der Begegnung zwischen Gabriel und Maria. Seine Geburtsgeschichte wurde die bekannteste und beliebteste. Auf vielen Bildern wurde Lukas als Maler dargestellt, wie er gerade ein Porträt von Maria entwirft.

Ein Bild ist keine Fotografie, sondern der Versuch einer Annäherung an das Geheimnis eines Menschen. Die Evangelisten haben mit ihren Worten Bilder von Jesus gemalt. Nicht anders machen auch wir es, wenn wir von unseren Freunden und Verwandten erzählen. Anschaulicher und aufschlussreicher als jede Beschreibung eines Charakters ist eine gute Geschichte, eine Anekdote, ein Ausspruch. Im Bild ist das Geheimnis eines Menschen gegenwärtig. Es wird offenbar, ohne doch vollständig enthüllt werden zu können. So hält es uns in spiritueller Bewegung. Bilder ohne Geheimnis sind zu Abbildern und Götzen geworden. Echte Bilder dagegen halten uns in Bewegung. Lukas hat von der Ankündigung der Geburt Jesu ein Bild in Worten gemalt, das uns immer wieder neu anspricht. Die Zeit, in der ich Anfang der 1970er-Jahre in Münster Theologie studierte, suchte ich die objektive Wahrheit über Jesus hinter den Bildern. Für sie war die Geburtsgeschichte eine fromme Erfindung.

Von Jesus blieben einige Sprüche übrig. Inzwischen haben wir uns wieder den alten Bildern auf neue Weise genähert. Wir spüren ihren Zauber und ahnen das Geheimnis, von dem sie sprechen. Jesus gibt es nicht hinter den Bildern, sondern nur in ihnen. Mit dem Geheimnis unserer eigenen Natur ist es nicht anders. Wer uns begegnen möchte, der muss sich auf uns einlassen und jeder Faser unseres Wesens nachspüren.

Brachte Maria ihr Kind ohne ärztliche Hilfe zur Welt?
Wenn man Kinder auffordert, ein Bild von der Geburt Jesu zu malen, dann zeichnen sie Ochs und Esel an der Krippe, Maria und Josef, die Heiligen Drei Könige und den Stern von Betlehem, dazu Engel, Hirten und Schafe. Vielleicht stellen sie einen Tannenbaum neben den Stall. Unser inneres Bild von der Geburt Jesu ist eine Collage von biblischen Erzählungen, frommen Deutungen und lieb gewordenen Bräuchen. Am Heiligen Abend erklingt Franz Grubers Weihnachtslied »Stille Nacht«. Vielleicht besucht die Familie nach altem Brauch eine Mitternachtsmesse, vielleicht wird der Klassiker vor der Bescherung unter dem Tannenbaum gesungen oder erklingt in englischer Übersetzung vom CD-Player: Niemand kann sich der Wirkung dieses Liedes entziehen, obwohl Jesus mit Sicherheit nicht ein »holder Knabe im lockigen Haar« war. Ist deshalb das berühmte Lied eine Lüge und vergießen wir die Tränen der Rührung zu Unrecht? Wohl kaum.

Doch gibt es Religionslehrer, die mit hohem pädagogischen Eifer versuchen, ihren Schülern jede romantische Vorstellungen von der Geburt Jesu auszutreiben. Wie gehen sie dabei vor? Sie lassen ihre Schüler das Lukasevangelium aufschlagen. Da steht nichts von Ochs und Esel und nichts von den Heiligen Drei Königen. Die Weisen aus dem Morgenland kennt nur der Evangelist Matthäus, und Ochs und Esel werden erst durch den heiligen Franz von Assisi an die Krippe gestellt. Viele Kinder machen mit Begeisterung beim weihnachtlichen Krippenspiel mit. Am liebsten übernehmen sie die Rolle eines Engels. Doch noch immer gibt es Pfarrer, die stolz darauf sind, in ihrer Gemeinde ein Flügelverbot durchgesetzt zu haben.

Hatte der heilige Franz von Assisi gelogen und bewusst eine Geschichtsfälschung begangen, als er im Wald von Greccio das erste Krippenspiel erfand? Gewiss nicht. Er hat getan, was alle Menschen tun, die sich dem Geheimnis der Geburt Jesu mit ganzer Seele öffnen: Er wollte die Gegenwart des göttlichen Kindes spüren, er wollte bei seiner Geburt dabei sein, er wollte an der Krippe Jesu stehen, er wollte, dass Jesus auch in der Krippe seines Herzens geboren werde. Und er ergänzte das Bild, das Lukas mit seiner Erzählung von der Geburt Jesu in der Krippe des Stalles von Betlehem geschaffen hatte, durch Ochs und Esel. Von diesen treuen Tieren hatte der Prophet Jesaja gesprochen. Bei den Kirchenvätern galten sie als Symbol für das Judentum (Ochs) und das Heidentum (Esel). Franz von Assisi verfälschte nicht die heilige Überlieferung, sondern er füllte die Lücke, die Lukas offengelassen hatte. Denn Lukas zeigt eine Welt in Bewegung, die auch unser Herz bewegen soll. Kaum war Maria schwanger geworden, da macht sie sich auf den Weg zu ihrer Verwandten Elisabeth. In diese Bewegung wird anschließend der ganze Erdkreis einbezogen. Eine Volkszählung fordert von jedem Bewohner Palästinas, dass er sich in der Vaterstadt in Listen einträgt. So machen sich Maria und Josef auf den Weg in Richtung Süden nach Betlehem. In diese räumliche Bewegung treten nun auch die Engel ein. Himmlische Heerscharen bewegen sich vom Himmel auf die Erde und kündigen den Hirten auf dem Feld die Geburt Jesu an. Sie wiederum machen sich auf den Weg zur Krippe. Das Geburtsbild des Lukas zeigt die gesamte Welt, die sichtbare der Menschen und die unsichtbare der Engel, in Bewegung. Am Ende seiner Erzählung von der Geburt Jesu richtet sich der Blick auf Maria. Engel und Menschen waren zur Begrüßung des neuen Erdenbürgers gekommen. Wie bei jeder Geburt gab es Glückwünsche und gute Worte. Am Ende ist die Wöchnerin allein mit dem Kind. In ihr hallen die Worte und Glückwünsche der Besucher nach. »Maria aber behielt alle diese Worte und bewegte sie in ihrem Herzen.« (Lukas 2,19) Die äußere Bewegung ist in eine innere Bewegtheit überführt worden. Diese will auch den Leser, die Leserin ergreifen. Die Geburt des Kindes will uns bewegen, beweglicher machen, Kraft, Hoffnung und Mut zu neuem Aufbruch schenken. In jeder Geburt wird uns dieser Neuanfang geschenkt. Unser Leben ist offen. Niemand weiß, was die Zukunft bringen wird und wie wir uns entwickeln werden. Und dennoch sind mit jeder Geburt auch Erwartungen verknüpft. Jeder Mensch hat das Recht auf sein eigenes Leben. Er ist frei. Und dennoch ist jeder von uns auch eingebunden. Sprache, Familie, Gesellschaft prägen uns und hinterlassen in unserer Seele Spuren. Die Botschaft des Engels Gabriel hatte zwei Erwartungen formuliert, die sich später mit dem Namen Jesu verbinden sollten: Jesus war der Sohn Gottes und zugleich der Sohn Davids. Der Sohn Gottes wurde von einer Jungfrau geboren, der Sohn Davids hatte Josef als natürlichen Vater, denn Josef galt als ferner Nachfahre des großen Königs. Sohn Davids und Sohn der Jungfrau das ist eines der vielen Paradoxe, in denen das Leben Jesu zur Sprache kommt. Paradoxe gehören zur Sprache der Religionen. Das Paradox ist aus der Sicht der Logik ein Widerspruch. In der meditativen Betrachtung aber kann es gelöst werden.

Der Sohn Gottes konnte überall zur Welt kommen, der Sohn Davids aber nur in der Stadt Betlehem, der Stadt Davids, aus der auch Josef stammte. Der Evangelist Matthäus erzählt von den astrologischen Zusammenhängen, in die Jesu Geburt eingebettet wurde. Weise kamen aus dem Morgenland nach Betlehem. Sie hatten seinen Stern am Himmel gesehen und waren ihm gefolgt. Astronomen haben Kometenbewegungen zur Zeit der Geburt Jesu nachgewiesen. Johannes Kepler (1571–1630) führte die Erscheinung am Himmel auf eine Konjunktion der Planeten Jupiter und Saturn im Sternbild der Fische zurück und datierte die Geburt Jesu auf das Jahr 7 v. Chr. Doch darauf kommt es nicht an. Denn mit jedem Kind erscheint ein neuer Stern am Himmel und zeichnet neue Schicksalsbahnen. Die sternenkundigen Magier aus Persien weisen einen meditativen Weg der Annäherung an das Geheimnis der Geburt des göttlichen Kindes. Er besteht aus drei Schritten:

1. Sie achten auf die Zeichen Gottes,
2. sie setzen sich in Bewegung und,
3. am Ziel angekommen, knien sie anbetend nieder.

Ihre Geschenke sind Gold, Weihrauch und Myrrhe. Auch unser Bild von den Heiligen Drei Königen ist entscheidend durch die Tradition geprägt worden. Ihren Gaben entnahm man einen symbolischen Sinn: Das Gold wurde als Anspielung auf die Königswürde Jesu gedeutet, der Weihrauch als Zeichen der Verherrlichung und die Myrrhe, ein Duftöl, mit dem Tote einbalsamiert wurden, als geheimer Hinweis auf den Opfertod Jesu. Die Reliquien der drei Weisen aus dem Morgenland wurden seit dem vierten Jahrhundert verehrt. Man glaubte, Kaiserin Helena, die Mutter Konstantins des Großen, habe sie am 14. September 320 in Jerusalem zusammen mit dem Kreuz Christi aufgefunden. Über Konstantinopel wurden sie nach Mailand gebracht. Kaiser Friedrich Barbarossa schenkte sie Rainald von Dassel, dem Erzbischof von Mainz. Am 23. Juli 1164 fanden die Gebeine der drei Magier aus dem Morgenland ihre letzte Ruhestätte in Köln. Über ihnen wurde der Kölner Dom als Stätte der Verehrung errichtet. In der Bibel bleiben die drei Könige namenlos. Auch diese Lücke wurde später geschlossen. Seit dem neunten Jahrhundert gab man den Sternenkundigen die Namen Caspar aus Tharsis, Melchior aus Nubien und Balthasar aus Godolien. Die drei Könige waren weniger Personen als Symbole. Sie standen für die damals bekannten drei Erdteile Asien, Afrika und Europa, für die drei Lebensalter Kindheit, Jugend, Erwachsener und nicht zuletzt für die drei Dimensionen der menschlichen Natur: Körper, Geist und Seele. So hat sie der Steinmetz Giselbertus in der romanischen Kathedrale von Autun auf einem Kapitell wunderbar ins Bild gesetzt.

Wer war also bei der Geburt Jesu dabei? Könige und Hirten, Ochs, Esel und Schafe – die Reihe will fortgesetzt und ergänzt werden. Geburts- und Kindheitsgeschichten Jesu sind uns von Lukas und Matthäus überliefert worden. Doch gab es auch andere Evangelien, die weitere Lücken der Erzählung schlossen. Auch verlegten sie den Ort der Geburt vom Stall in eine Höhle, wie wir sie heute noch auf den Geburtsbildern der griechisch- und russisch-orthodoxen Kirche (Ikonen) dargestellt finden. Auch dies geschah nicht ohne spirituellen Hintersinn.

34

Denn wie die Muschel, so ist auch die Höhle ein Symbol für den Mutterschoß. Diese Geheimschriften oder sogenannte Apokryphen wurden von den Kirchenvätern nicht in die offizielle Bibel aufgenommen. Sie waren vielleicht gerade deshalb sehr beliebt. Eines dieser Evangelien gab die Antwort auf eine nahe liegende Frage: Hatte Maria im Stall oder in der Geburtshöhle zu Betlehem ihr Kind alleine zur Welt gebracht, oder stand ihr eine Hebamme bei?

Das Jakobusevangelium berichtet ausführlich von den Diensten einer Hebamme in der Geburtshöhle. Als sie nach verrichteter Arbeit die Höhle verließ, begegnete ihr eine zweite Hebamme mit Namen Salome, der sie das Wunder der jungfräulichen Geburt mitteilte. Wie später der ungläubige Thomas, so zweifelt jetzt die Geburtshelferin. Jungfrau und Mutter – das sei undenkbar. Erst wenn sie Maria gynäkologisch untersucht habe, werde sie das Wunder glauben. Doch kaum hatte Salome mit der Untersuchung begonnen, da brannten ihre Finger wie Feuer. Erst als sie, dem Rat eines Engels folgend, mit ihren Fingern das Jesuskind berührt, verschwinden die Schmerzen wieder. Maria war auch nach der Geburt noch Jungfrau, das sollte durch Salome bezeugt werden. Auf zahlreichen Bildern des Mittelalters ist diese beliebte Erzählung dargestellt worden. Der Hildesheimer Künstler Bernward hat die Szene in dem Bilderzyklus seiner berühmten Bronzetür aus dem Jahre 1010 verewigt.

Kann man durch Küssen schwanger werden?
War Jesus ein Einzelkind? Oder hatte er Geschwister? Wie war die Beziehung zu seinen Eltern? Kümmerten sich seine Großeltern um ihn? Wuchs er nach orientali-

scher Sitte im Schoß einer Großfamilie auf? Diese Fragen liegen nahe, denn jeder Mensch wird in eine Familie hineingeboren. Schon die Haar- oder Augenfarbe, die Nase oder die Art zu lächeln lassen verwandtschaftliche Beziehungen erkennen. Jesus war der Sohn Gottes, aber er war auch das Kind einer Frau. Neun Monate war Maria mit Jesus schwanger gegangen. Wie jedes Kind auf dieser Welt kannte er bereits vor der Geburt die Stimme seiner Mutter. Ihre Sprache war eine hebräische Mundart, das Aramäische. Sie wurde in Galiläa gesprochen, einer Region, die aus der Blickrichtung Jerusalems als tiefe Provinz galt. Wer Aramäisch sprach, fiel in anderen Provinzen auf, so wie ein Sachse oder Bayer überall in Deutschland aufgrund seines Dialektes erkannt wird. Das Aramäische sollte auch Jesu Muttersprache werden. An ihr wurde er zeitlebens als Mann aus Galiläa erkannt und gelegentlich auch verspottet. Fremdsprachenkenntnisse besaß Jesus nicht. Er beherrschte keine der großen Weltsprachen – weder Griechisch, Latein noch Persisch oder Arabisch.

Was hatte er von Gott geerbt, was war das Erbe seiner Mutter? Wie reagierten die Verwandten und wie reagierte Josef auf die wunderbare Geburt? Die mittelalterliche Bronzetür in Hildesheim zeigt einen ratlosen Josef. Er sitzt am Bett der Wöchnerin und hat den Kopf auf den Arm gestützt. Als er von der Schwangerschaft seiner Verlobten erfuhr, wollte er sie heimlich verlassen. Davon berichtet Matthäus in seinem Evangelium: Dem wunderbaren Eingreifen eines Engels sei es zu verdanken, dass Josef nicht flüchtet, sondern standhält. Er hört die Stimme seines Engels im Traum. Sie sagt: Verlasse Maria nicht. Alles hat seine Richtigkeit!

Dass Jesu der Sohn von Maria und Josef war, steht außer Frage. Wenn Josef nicht als leiblicher Vater Jesu gelten darf, so war er doch mit Sicherheit sein Adoptivvater. Darauf könnte auch sein Name hindeuten. Der bedeutet »Gott fügt hinzu«.

Josef übte den Beruf des Zimmermanns aus. Ein Zimmermann ist kein Möbeltischler, der in heimischer Werkstatt arbeitet und die Mittagsmahlzeit mit Frau und Kindern einnimmt. Wir müssen uns also davor hüten, das Bild eines mittelständischen Unternehmers unserer Tage auf die heilige Familie zu projizieren. Der Zimmermann Josef ist unterwegs auf den Baustellen, überall dort, wo Balken als Stütze für ein Flachdach gezimmert werden müssen. Der Vater Jesu wird also wenig zu Hause gewesen sein. Kompliziert, wenn nicht gar undurchdringlich zeigen sich die weiteren Verwandtschaftsverhältnisse. Kümmerten sich die Großeltern um ihn? Besuchte er sie zuweilen? Eins ist gewiss: Jesus hatte Geschwister. Vier Brüder werden namentlich bekannt: Jakobus, Josef, Simon und Judas. Von seinen Schwestern ist an gleicher Stelle die Rede, doch bleiben ihre Namen ungenannt (Matthäus 13,55). Die Tatsache, dass in der Bibel Geschwister Jesu erwähnt werden, wurde gerne als Beweis gegen die Glaubwürdigkeit der jungfräulichen Geburt herangezogen. Doch muss hier kein Widerspruch vorliegen. Warum soll die Jungfrau Maria später nicht Kinder auf ganz normalem Wege empfangen und geboren haben? Denkbar wäre auch, dass Jakobus, Josef, Simon, Judas und die Schwestern die leiblichen Kinder Josefs aus erster Ehe, also Halbgeschwister Jesu, gewesen sind oder, eine andere Meinung, Cousinen und Cousins. Die Berichte der vier Evangelisten lassen auch hier Lücken offen, die durch andere Evangelien geschlossen werden.

Jedes Kind hat Großeltern. So auch Jesus. Wer aber waren die Eltern Marias und wie lauteten die Namen der Eltern Josefs? In den Evangelien erfahren wir über die Großeltern Jesu mütterlicherseits nichts. Der Stammbaum der väterlichen Linie dagegen ist lückenlos, doch leider nicht frei von Widersprüchen. Bei Matthäus heißt der Großvater Jesu Jakob, bei Lukas dagegen Eli. Welcher Name ist richtig? Matthäus führt den Stammbaum Jesu von Josef bis zu Abraham zurück, Lukas dagegen von Josef bis zu Adam. Beide zeichnen keine natürliche Erblinie, sondern eine Art spirituellen Stammbaum. Abraham galt als Vater des jüdischen Glaubens, Jesus wurde zum Vater des christlichen Glaubens. Der erste Adam lebte im Paradies und verlor es durch seinen Ungehorsam. Jesus, der zweite Adam, zeigte den Weg zurück ins Paradies. Sein Kreuz soll daher, so die Legende, aus dem Baum des Lebens gezimmert worden sein, der einst in der Mitte des Paradieses gestanden hatte. Und es wurde genau an der Stelle errichtet, an der Adam einst begraben wurde.

Liegt die Familiengeschichte der väterlichen Linie völlig im Dunkeln, so wurde über die Kindheit der Mutter Jesu ein ganzes Buch geschrieben. Als sein Verfasser gilt Jakobus; nach ihm wird es Jakobusevangelium genannt. Ob es tatsächlich erst um 150 n. Chr. entstanden ist, wie heute behauptet wird, hat die Menschen über Jahrhunderte nicht interessiert. Was Jakobus über Maria und die Großeltern Jesu aufgeschrieben hatte, beeinflusste das Bild von der »Heiligen Sippe« entscheidend. Auf Tausenden von Wandteppichen, Holz- und Kupferstichen, auf Tafelbildern und durch Skulpturen sind Jesus, Maria und die Großmutter Anna dargestellt worden. So etwa auf Leonardo da Vincis (1452–1519) Gemälde »Anna Selbdritt«, das heute im Louvre zu sehen ist. Mit »Anna Selbdritt« wird die aus Großmutter, Mutter und Enkelkind bestehende Kernfamilie bezeichnet. Sie repräsentieren zugleich drei Generationen in Folge und damit ein Familienideal. Annas Ehrentitel lautet »Heilige Großmutter Christi«. Sie ist die »Queen Mum« der Heiligen Sippe. Als Schutzpatronin der Bergleute, die in Thüringen und im Erzgebirge (Annaberg) Silber und Erze abbauten, wurde sie über Jahrhunderte verehrt. Als Martin Luther, der Sohn eines Bergmannes war, auf freiem Feld von einem Gewitter überrascht wurde, suchte er durch ein Stoßgebet Zuflucht bei der Großmutter Jesu und versprach, er werde in ein Kloster eintreten und Mönch werden, wenn ihn die heilige Anna vor den tödlichen Blitzen schützte.

Annas Mann, der Großvater Jesu, hieß Joachim. Er war ein frommer und wohlhabender Viehzüchter und zog als Halbnomade den größten Teil des Jahres durch die Gegend. Kinderlosigkeit galt in der damaligen Zeit als ein Makel. Sara und Rahel litten unter ihr, wie auch Elisabeth, die später Mutter Johannes des Täufers wurde. Wenn Joachim zum Tempel nach Jerusalem zog, um ein Opfer zu bringen, wie es frommer Brauch der Zeit war, so erlebte er immer wieder Ausgrenzungen. Die Priester lehnten das Opfer eines kinderlosen Mannes ab. Dass Joachim und Anna dennoch Eltern wurden, galt als ein Wunder. Unter der goldenen Pforte des Tempels von Jerusalem, so wurde erzählt, habe Joachim seine Frau geküsst. Daraufhin sei Anna vom Heiligen Geist schwanger geworden. Diese »Kussschwängerung« verlängert die jungfräuliche Empfängnis Marias bis in die Großeltern-generation. Ihre Absicht war gewiss ehrenwert, ihre Folgen dagegen durchaus nicht, glaubten doch unaufgeklärte katholische Mädchen noch bis in die Mitte des 20. Jahrhunderts hinein, dass sie von einem Kuss schwanger werden könnten. Jakobus, der diese Familiengeschichte Jesu aufschrieb, wollte vor allen Dingen Maria und ihre Mutter in den Himmel heben. Deshalb ließ er die Mutter Jesu nicht nur auf wunderbare Weise zur Welt kommen, sondern sprach sie von aller Sünde frei. Maria, so lehrt die katholische Kirche bis heute, sei ohne den Makel der Erbsünde empfangen worden. Dieser Tag wird als Fest der unbefleckten Empfängnis am 8. Dezember gefeiert (»Hochfest der ohne Erbsünde empfangenen Jungfrau und Gottesmutter Maria«). Der 8. September gilt in der katholischen Kirche als Marias Geburtstag (Fest »Mariä Geburt«).

Nach dem Bericht des Jakobus hatten die Eltern gelobt, das kleine Mädchen dem Tempeldienst zu weihen. Maria sollte also mit dem dritten Lebensjahr der Erziehung durch die Priester übergeben werden. Ähnliche Bräuche sind bis heute in buddhistischen Klöstern üblich. Während aber die buddhistische Nonne ihr Leben lang im Kloster verweilen darf, so lebte Maria in einer Art Kloster auf Zeit. Im Alter von zwölf Jahren und mit dem Beginn der Menarche musste sie den Tempel verlassen. So sahen es die Reinheitsgesetze vor. Als ehemalige Tempeljungfrau war Maria auch nach ihrer Entlassung aus dem Dienst zu einem zölibatären Leben verpflichtet. Die »Altersversorgung« der Tempeljungfrauen wurde durch eine Eheschließung mit einem wesentlich älteren Mann und Witwer gesichert, der in der Regel keine sexuellen Absichten mehr hatte. Josef gehörte zu den alten Männern, die von den Priestern in die nähere Auswahl gezogen wurden. Die Wahl wurde durch ein Orakel bestimmt. Es war der legendäre Stab-Test des Priesters Aaron. Dieser Stab war das erste Mal nach einem Aufstand gegen Mose und seinen Bruder Aaron zum Einsatz gekommen (Numeri 17,16–24). Die Vertreter der rebellischen Gruppen bekamen jeder einen Stab aus dem Holz des Mandelbaumes gereicht. Mose sammelte sie anschließend ein und legte sie gemeinsam mit Aarons Stab vor die beiden Tafeln mit den Zehn Geboten. Da fing Aarons Stab zu blühen an und trug sogar frische Mandelfrüchte. Dieses Gottesurteil hatte Schule gemacht. Josef und den anderen Witwern wurden ebenfalls Stäbe gereicht. Der Priester sammelte sie anschließend wieder ein und trug sie in den heiligsten Bezirk des Tempels vor die Tafeln mit den Zehn Geboten. Hier wurde Josef zum Ehemann der Tempeljungfrau durch ein Wunder bestimmt. Aus seinem Stab flog eine Taube. Das Zeichen galt als eindeutig.

Wie alt Josef war, erfahren wir nicht. Die Schätzungen gehen von 90 bis zu 20 Jahren. Während man Josef zuerst ein hohes Alter zusprach, um die Unmöglichkeit seiner Vaterschaft zu betonen, wurde er im Mittelalter immer jünger gemacht. Denn die »Josefsehe« konnte als keusches Vorbild nur bei einem Mann gelten, der noch voll zeugungsfähig und -willig war. Josef wurde zum Urbild einer freiwilligen sexuellen Enthaltsamkeit. Da passte ein Greis einfach nicht ins Bild. So wurde sein Alter zwischen 50 und 28 Jahren angegeben.

Maria verließ also den Tempel, zog aber nicht in ihr Elternhaus zurück, sondern in das Haus des keuschen Witwers Josef. Das Jakobusevangelium verlagert die Begegnung zwischen Maria und dem Engel Gabriel hierher. Und es schildert auch das Entsetzen Josefs: »Woher ist, was du in deinem Leib trägst?« Die Schwangerschaft lässt sich nicht lange verheimlichen und wird auch bald zum Politikum. Eine ehemalige Tempeljungfrau ist geschwängert worden! Und das ist so skandalös, wie es heute die Schwangerschaft einer Nonne wäre. Der Fall wird also vor den obersten Priester gebracht, und der Verdacht geht eindeutig gegen Josef. Der weiß sich ebenso wie Maria als unschuldig und unterwirft sich einem weiteren Orakel, das zur Ermittlung von Ehebrecherinnen seit Jahrhunderten in Gebrauch war. Es wurde Eifersuchtsgesetz (Numeri 5,12–31) genannt. Wenn ein Mann den Verdacht hatte, seine Frau sei fremdgegangen, so konnte er einen Priester zur Ermittlung der Wahrheit heranziehen. Dieser bediente sich magischer Mittel, schrieb Flüche auf einen Zettel, wusch diese in einem bitter schmeckenden Wasser und gab der vermeintlichen Ehebrecherin das heilige Wasser zu trinken. War sie unschuldig, so überstand sie das magische Ritual ohne Schaden. War sie aber schuldig, so reagierte ihr Körper mit argen Bauchschmerzen. Diese zweifelhafte Probe wurde auch bei Maria und Josef angewendet. Beide tranken nacheinander das heilige Wasser und reagierten beschwerdefrei. Damit war ihr untadeliger Ruf wieder hergestellt.

Mögen die Kindheitsgeschichten weitgehend Legende sein, sie zeichnen doch ein Stimmungsbild von der Zeit, in der Jesus aufwuchs. Fragen der Reinheit und Unreinheit werden seine Auseinandersetzung mit den religiösen Führern des Landes bestimmen. Und wie alt Josef auch immer gewesen sein mag: Der irdische Vater und eine leibliche Vaterbindung werden für Jesus keine Rolle spielen. Überhaupt ist die Generation der Väter in diesen Kindheitserzählungen auffallend schwach gezeichnet: Ob Joachim oder Josef – ihr Bild tritt hinter das der Frauen stark zurück. Jesus war durch seine Mutter und vielleicht auch seine Großmutter entscheidend geprägt worden. Vielleicht liebten ihn deshalb die Frauen besonders und hielten ihm die Treue. Keiner der männlichen Jünger außer Johannes wird unter dem Kreuz stehen. Dafür aber Frauen. Einige sind namentlich bekannt: seine Mutter Maria, Maria von Magdala und Maria, die Frau des Klopas (Johannes 19,25).

Das Heilende geschieht in der Nacht. Die Anfänge einer Wandlung, die in uns geschehen soll, geschehen in der Stille. Die Anfänge, in denen das Ewige Gestalt finden will in der Zeit, geschehen in der Verborgenheit.

Alle Jahre wieder hören wir die alte Geschichte, die davon erzählt. Von einem Anfang erzählt sie, von einer Geburt. Von einer Mutter und einem Kind. Von Tieren und Hirten und Engeln. Sie erzählt: Da setzte einer einen Anfang, wo unsere Wege enden. Da wirkte einer eine Wandlung, wo wir an das Gewordene gebunden bleiben. Ein Mensch, der liebt. Auf eigene Gefahr. Wir feiern seine Geburt und wünschen uns, dass wir ihm ähnlicher werden und so seine Geburt, sein Anfang, auch in uns geschieht.

Jörg Zink

Ich komme, bring und schenke dir

Willi Hoffsümmer

Von der Kraft der Hingabe

Vor dem Wort »Opfer« zucken wir nicht nur an Weihnachten zurück. Vielleicht ist auch das Wort »Hingabe« besser. Jeder aber in einer Ehe oder Lebensgemeinschaft weiß, dass ein Miteinander ohne Opfer und Verzicht nicht möglich ist. Ich bewundere die jungen Paare, die sich für ein Kind oder mehrere entscheiden. Wie viele Opfer werden ihnen abverlangt!

Da wirft das Baby plötzlich den ganzen Tagesablauf durcheinander. Morgens meldet es sich zum Beispiel schon zu einer Zeit, zu der sich früher jeder noch einmal im Bett herumdrehen konnte. Allerdings ist es auch wichtig, einem Kind später manchmal kleine Opfer abzuverlangen, damit es Rücksicht lernen und auch seine Grenzen erfahren kann, wenn sein Leben gelingen soll.

Der Blick auf die Krippe sieht nur Personen mit Hingabe: Maria brachte das Opfer eines Ja auf eine unbekannte Zukunft hin. Josef wurde von diesem Ja angesteckt, wenn er auch erst den Rippenstoß eines Engels dazu brauchte. Und dann das Kind Jesus: eine Hingabe bis zum Opfer am Kreuz. Da verblassen unsere Opfer. Und doch können wir manchmal auch den Hut ziehen vor der beispielhaften Hingabe eines Menschen.

Von einem Arzt möchte ich erzählen. Und von einem Heiligen Abend. Es war noch zu der Zeit, als gegen die Krankheit Diphtherie kaum ein Kraut gewachsen war.

Manchmal halfen ein Serum, Einspritzungen oder auch ein Luftröhrenschnitt. Doch das eigene Kind des Arztes war nicht mehr zu retten. Sein Atem wurde schwächer und schwächer. Sie saßen an seinem Bett. Da ging die Klingel – immer wieder und unmissverständlich. Der Bauer Rivaz stand vor der Tür: »Ohne Sie wird mein Kind die Nacht nicht überleben. Bitte kommen Sie!«

Der Arzt antwortete: »Auch mein Kleiner liegt im Sterben. Ich kann diesen Abend nicht mehr kommen.« Er wusste, zum Bauer Rivaz war es mehr als eine Stunde mit dem Pferdegespann durch den Schnee. Aber der Bauer ließ nicht locker: »So sterben also zwei«, murmelte er, »und in meinem Alter werde ich keine Kinder mehr haben! Für Ihren Jungen können Sie nichts mehr tun, aber noch etwas für meinen!«

Der Arzt stand auf, sein Kind atmete kaum noch. Er gab seiner Frau ein Fläschchen und sagte entschlossen: »Hier, nimm das, es wird ihm das Atmen erleichtern. Mehr können wir nicht tun.«

Seine Frau schaute ihn vorwurfsvoll an: »Und unseren Jean willst du allein lassen? Du liebst dein Kind – und mich – nicht!« Verzweifelt antwortete der Arzt: »Du kannst ihn jetzt so gut pflegen wie ich! Ich muss dort helfen!« Er strich zärtlich über die Wange seines Kindes, dann floh er regelrecht aus dem Zimmer.

Zwei Stunden später packte der Arzt seine Instrumente in der Wohnung des Bauern wieder zusammen. Er wollte sofort wieder nach Hause: »Ich glaube, Ihr Sohn ist gerettet. Morgen werde ich wiederkommen!« Der Bauer brachte ein Geldstück, das er als Geschenk seiner längst verstorbenen Mutter bisher aufbewahrt hatte.

»Nein«, wehrte der Arzt ab, »niemand kann mir diesen Gang hierher bezahlen.«

Als er zu Hause ins Zimmer trat, fand er seine Frau über das Bett des toten Kindes gebeugt. »Du warst nicht dabei«, seufzte sie. Als sie ihn aber ansah, war sie erstaunt, wie viel Ruhe, ja Friede, von ihm ausging. Da lehnte sie sich an ihn und ahnte, dass sie bei ihm wieder die Kraft finden würde, dieses Leben erneut zu lieben.

(Nach Henry Bordeaux, Das Opfer)

Nirgendwo in dieser Begebenheit steht, aus welcher Kraft der Arzt letztlich gehandelt hat. Die Opferkraft eines Menschen kann schon unermesslich und unbegreiflich tief sein. Manchmal erleben wir eine Hingabe – über Jahre hinaus –, die uns still werden und staunen lässt.

Eines ist mir aber auch klar, ich weiß es aus vielen Begegnungen und Lebensberichten: Wer sich in seiner Hingabe an dieses Kind in der Krippe anlehnt, der kann sogar Berge versetzen.

Die drei Gaben

Es gibt Dichter und Propheten mitten unter uns, die so lange über das Geheimnis der Weihnachtsbotschaft nachdenken, bis sie die Geschichte weiterschreiben können. Eine solche Vision erzählt:

Kaum hatten die drei vornehmen Gäste aus dem Morgenland den Glanz der Geschenke von Gold, Weihrauch und Myrrhe vor dem Kind in der Krippe niedergelegt und auf höheren Befehl Bethlehem verlassen, da nahten drei andere Gestalten.

Die Erste von ihnen ging in Lumpen einher, schaute hungrig und durstig nach allen Seiten. Die Zweite ging vornüber geneigt; sie trug Ketten an den Händen, die die Haut schon wund gescheuert hatten. Die dritte Gestalt hatte wirre Haare, einen suchenden, unsteten Blick und hielt nach Verlorenem Ausschau.

Josef hatte die Tür zum Stall offengehalten. Er wusste ja, dass jedermann Zutritt hatte und dieses Kind – wie jedes Kind – nicht einmal seinen Eltern gehörte.

Lange standen die drei vor der Krippe und betrachteten das Kind. Wer war ärmer: das Kind in diesem Stall auf Stroh oder sie mit traurigem Blick?

Josef aber wollte helfen, sah die drei leuchtenden Gaben in einer Nische an der Wand und bot dem Zerlumpten das Gold an. Der aber antwortete: »Wer bei mir Gold findet, wird mich als Dieb verdächtigen. Du aber wirst es bald für dein Kind brauchen. Ich hätte nie gedacht, dass meine Arbeitslosigkeit mich so schnell sozial abstürzen lassen würde. Auch der Schuldenberater macht mir keine große Hoffnung. Wie soll es nur weitergehen?«

Dem Zweiten bot Josef die Myrrhensalbe an, um seine Wunden zu pflegen. Aber auch der lehnte ab: »Ich bin durch meine Wunden stark und zäh geworden. Behalte die Salbe für das Kind, wenn es einmal geschundene Hände und Füße haben wird. Ein unbekannter Virus hat mich aus all meinen Träumen gerissen. Die Krankheit hat mich an den Rand des Abgrunds gebracht. Ich weiß nicht mehr ein noch aus!«

Dem Dritten wollte Josef den Weihrauch reichen und sagte: »Sein Wohlgeruch kann deine Trauer nicht vertreiben, aber er erquickt doch wenigstens deine Seele.« Doch auch die dritte Gestalt mochte das Geschenk nicht annehmen: »Mich kann nichts mehr retten. Ich bin an allem irre geworden: Zuerst an der Untreue meiner Frau und dann habe ich den Glauben an Gott verloren. Was soll da noch der Weihrauch? Er würde mir nur meine Zweifel umnebeln.«

Während Maria und Josef enttäuscht waren, weil die Gestalten das Angebotene zurückwiesen, lag das Kind da mit offenen Augen. Die drei traten ganz nahe zu ihm hin und sagten: »Du kommst auch nicht aus der Welt des Goldes, der Myrrhe und des Weihrauchs. Du gehörst in unsere Welt der Not, der Plage und des Zweifels. Darum schenken wir dir, was uns gemeinsam ist.«

Der Erste legte ein paar Lumpen aufs Stroh und sagte: »Nimm sie als erbärmliches Geschenk an. Aber du wirst sie einst tragen, wenn sie dir die Kleider nehmen und du allein und nackt sein wirst. Denk dann bitte an mich!«

Der Zweite nahm eine seiner Ketten und legte sie neben die Hand des Kindes: »Nimm, was mich und andere fesselt: die Krankheiten und Katastrophen aus heiterem Himmel. Die Ketten werden dir passen, wenn einer deiner Freunde dich verrät, die anderen alle weglaufen und du abgeführt wirst. Dann denke an mich!«

Der Dritte beugte sich ganz tief über das Kind: »Nimm meine Zweifel und das Gefühl, von Gott verlassen zu sein. Ich habe sonst nichts. Teile sie mit mir; sie sind zu schwer, um sie allein zu tragen. Schrei sie einmal hinaus. Und dabei vergiss mich nicht.«

Maria hielt erschrocken die Hände wie in Abwehr über das Kind. Josef griff in die Krippe, um Lumpen und Fesseln wegzunehmen. Aber sie waren schon mit dem Kind verwachsen und ließen sich nicht fortnehmen.

Das Kind aber lag da – mit offenen Augen und Ohren den drei Gestalten zugewandt. Da wussten sie, dass das Kind sie verstand und ihre Last mittragen würde. Und sie gingen mit zuversichtlichem Blick und festem Schritt aus dem Stall hinaus.

(Geändert nach der gleichnamigen Geschichte von Werner Reiser)

Ich weiß nicht, wie viele unsichtbare Lumpen um die Seele und Ketten an Herz und Gemüt Sie mit sich tragen. Aber gehen Sie ruhig ganz nahe an die Krippe. Da ist uns ein Kind geboren, das unsere Lasten verstehen kann, weil es sie auch tragen musste. Und vor allem: Dieses göttliche Kind will die Lasten mittragen.

Die Geschenke der »Könige«

Die Sterndeuter aus dem Osten – wir nennen sie einfach Könige – rücken an der Krippe in unserer Kirche bereits näher. Und bei Ihnen zu Hause sind sie vielleicht schon in die Knie gegangen. Dazu möchte ich folgende Begebenheit erzählen:

Jugendliche hatten selbst ein Krippenspiel geschrieben. Aber sie hatten die Rollen der drei Könige vergessen! Deshalb riefen sie am Vorabend einige Leute an, ob sie bereit wären, als Könige einzuspringen. Sie sollten einfach einen Gegenstand, der ihnen etwas bedeutet, als Geschenk an das Jesuskind mitbringen und dabei frisch von der Leber weg sagen, warum sie gerade diesen Gegenstand mitbrächten.

Der erste König war ein Mann, Mitte fünfzig, Vater von fünf Kindern, Angestellter bei der Stadtverwaltung. Er brachte eine der beiden Krücken mit, die er in seinem Abstellraum noch aufbewahrte. Er legte sie vor das Kind in der Krippe und sagte: »Ich bringe dir diese Krücke als Zeichen meiner großen Dankbarkeit. Vor einigen Jahren hatte ich einen schweren Autounfall. Frontalzusammenstoß. Mehrere Wochen lag ich mit vielen Brüchen im Krankenhaus. Niemand konnte sagen, ob ich überhaupt je wieder würde gehen können. Über jeden noch so kleinen Fortschritt war ich froh und dankbar. Diese Wochen haben mich verändert. Ich bin bescheidener und fröhlicher geworden. Vor allem dankbarer. Ich nehme jetzt wieder das Kleine und Alltägliche wahr, sehe nichts mehr als selbstverständlich an.«

Der zweite König war eine Königin, Mutter von zwei Kindern. Sie brachte eine Windel mit, legte sie vor die Krippe und sagte: »Mein Beruf als Grafikerin hat mir immer sehr viel Freude gemacht. Ich konnte meine Talente gut einbringen. Dann kamen die Kinder. Ich wollte sie zur Betreuung nicht in fremde Hände geben, weil ich weiß, wie wichtig es ist, ihnen als Mutter Nähe und Geborgenheit zu schenken. Doch als sie größer wurden, fiel mir die Decke auf den Kopf. Ich war hin und her gerissen. Da hatte ich plötzlich die Idee, meine schöpferische Kraft in Bastel- und Spielgruppen zu stecken, und übernahm Verantwortung auch für andere Kinder. Das erfüllte mich, weil ich wusste, wie wichtig das auch für die Gesellschaft ist, in der selbst Wunschkinder verwahrlosen oder herumgestoßen werden. Das schenkte meinem Leben neuen Sinn. Darum möchte ich mit dieser Windel Ja sagen zu meiner kleinen Welt und gleichzeitig als Stützpfahl der großen Familie in unserer Gesellschaft dienen.«

Der dritte König war ein junger Mann. Er brachte ein leeres Blatt mit, legte es vor das Kind in der Krippe und sagte: »Ich habe lange mit mir gerungen, ob ich überhaupt kommen sollte. Meine Hände sind leer. Mein Herz voller Sehnsucht nach Glück und Sinn. In mir sind nur Unruhe, Suchen, Fragen, Warten, Zweifel. Ich habe nichts vorzuweisen, und meine Zukunft ist ziemlich dunkel. Rund hundert Absagen auf meine Bewerbungsschreiben habe ich schon bekommen, obwohl meine Schulabschlüsse nicht schlecht sind. Wie soll ich denn eine Familie gründen, eine Existenz planen, für das Alter vorsorgen, wenn ich im besten Falle nur Zeitverträge erhalte? Dieses leere Blatt, Kind in der Krippe, bedeutet: Ich habe noch die Hoffnung, dass du kamst, um uns Sinn zu schenken. Siehe, ich bin innerlich leer, aber mein Herz ist offen und bereit zu empfangen.«

Was hätten wir als Geschenk mitgebracht? Auch hier stehen welche, die am barmherzigen Gott zweifeln, die einen Lebenssinn suchen oder deren Hände und Herzen leer sind. Wenn wir unsere Herzen nur öffnen würden und zum Empfangen bereithielten, kann auch bei uns ein kleines Wunder geschehen!

Und sie gebar ihren ersten Sohn, wickelte ihn in Windeln und legte ihn in eine Krippe, denn sie hatten sonst keinen Raum in der Herberge« (Lk 2,7).

Für uns ist Weihnachten heute das Fest einer Familie. Da ist eine junge Mutter, da ist ein Kind. Da steht hinter der Mutter ein Vater. Da kommen die Nachbarn und freuen sich mit ihnen und verehren das Wunder, dass da ein Bote Gottes, ein Kind, in die Welt kam. Der Mittelpunkt ist ein Kind, das umgeben ist von Liebe und Zärtlichkeit. Eigentlich müsste es möglich sein, die verängstigten und gemütskranken Menschen unserer Tage zu heilen, indem man ihnen gibt, was man einem Säugling gibt. Man müsste sie stillen an einer warmen Brust; man müsste sie im Arm halten und zärtlich streicheln; und man müsste ihnen all das nachreichen, was an ihnen versäumt worden ist durch eine spröde Pädagogik: alle die Liebkosungen, alle die Küsse, die ihnen nicht gewährt worden sind; all das freundliche Anschauen, das Liebesspiel und die Worte der Zärtlichkeit. Es ist gut, dass das heute besser verstanden wird als zu früheren Zeiten. Denn Gottes Geist wird leiblich durch die Liebe, und der Leib des Menschen wird durch die Liebe geistig. Er erwacht aus seiner Stummheit, wo ihm Liebe begegnet; er fängt an zu antworten, zu reden. Er wird seinerseits fähig, einen anderen Menschen zu berühren, zu lieben, ihm zu zeigen, wie nah er ihm sei. In der Liebe wird Gottes Geist Leib.

Jörg Zink

In der Mitte der Nacht –
Wo Weihnachten beginnt

Thomas Meurer

Besuch um Mitternacht

Mitten in der Nacht klopft es an die Fensterscheibe von Tobbis Zimmer. Ein metallisches Klicken auf dünnem Fensterglas. Draußen steht Robbi, Roboter der dritten Roboterklasse, der sich mühsam und eher ungeschmeidig durch das Fenster in das Zimmer des Jungen hangelt. Tobbi ist Schüler der dritten Grundschulklasse und Erfinder. Er hat das »Fliewatüüt« erfunden, ein Vehikel, das fliegen kann (deshalb Flie-), das im Wasser schwimmen kann (deshalb -wa-) und das wie ein Auto auf der Straße fahren kann (deshalb -tüüt). Nur gebaut worden ist Tobbis Erfindung bisher nicht. Umso überraschter ist Tobbi, als der zu nachtschlafener Zeit bei ihm hereingeschneite Roboter ihm eröffnet, sein »Fliewatüüt« stehe fix und fertig draußen und warte nur darauf, dass sie beide damit losfliegen, um drei schwierige Aufgaben zu lösen, die Robbi als Abschlussprüfung zu bewältigen habe. Neben der Lösung dieser drei Aufgaben bestand Robbis Abschlussprüfung eben auch darin, den bereits vorhandenen genialen Plan eines Erfinders nachzubauen. Und Robbis Wahl fiel auf Tobbis Pläne. Kein Wunder also, dass das fertige »Fliewatüüt« draußen zum Abflug bereitsteht.

Diese Puppenserie um die beiden Freunde und ihr seltsames Vehikel gehörte für uns Kinder zum Weihnachtsfest, denn zumeist ließ sich die Wartezeit bis zur Bescherung am Beginn der Heiligen Nacht dadurch verkürzen, dass Robbi und Tobbi auf ihren Abenteuerfahrten gemeinsam die Stufen zum schwarz-gelb geringelten Leuchtturm zählten, das Schloss mit den eckigen Türmen ausfindig machten oder mit ihrem »Fliewatüüt« sogar zu den Polkappen vordrangen. Und immer begann alles mit einem unerwarteten Anklopfen in der Nacht: Klick, klick – und draußen stand ein Roboter.

Ich gehörte als Kind zu denen, die Tobbi beneideten. Einen Roboter zum Freund zu haben: Das wäre es gewesen! Wer hatte das schon: einen, der für alle Wechselfälle des Lebens irgendwo einen Schraubenzieher oder ein Ölkännchen versteckt hält, der seine linke Hand zur Kartoffelschälmaschine umrüsten kann und dessen Nase zum Flutlicht umzubauen ist. Wir bauten Robbi mit Bausteinen, ahmten seine knarrende Maschinensprache nach und träumten von einem »Fliewatüüt«, das uns zu einer Abenteuerreise entführen würde. Und hinter all diesen Spielen verbarg sich die kindliche Sehnsucht, es würde irgendwann mitten in der Nacht an die Scheibe des eigenen Kinderzimmers klopfen und draußen stünde Robbi.

Nächte haben es in sich. Sie warten mit ungeahnten Überraschungen auf. Davon erzählt Boy Lornsens Geschichte von Robbi, Tobbi und dem »Fliewaüüt« ebenso wie die Weihnachtsgeschichte. Und hier wie dort kommt mitten in der Nacht ein unerwarteter Gast zu einem Menschen. Sie sind einander seltsam fremd und vertraut zugleich. Beide stammen aus unterschiedlichen Welten und scheinen einander doch seit langer Zeit bekannt zu sein. Was Tobbi in vielen Plänen erdacht und konstruiert hat, das bringt Robbi ihm als fertige Lieferung geradezu frei Haus. Und Tobbi scheint das alles gar nicht zu überraschen: als sei es völlig selbstverständlich, dass mitten in der Nacht ein Roboter vorbeibringt, woran er schon so lange konstruiert hat. Ich frage mich, ob nicht ein wenig vom Geheimnis der Weihnacht in dieser so gar nicht weihnachtlichen Geschichte durchscheint.

In der dunkelsten Nacht des Jahres feiern Christinnen und Christen die Ankunft dessen, von dem sie glauben, dass er ihnen das bringt, worauf sie schon lange gehofft und woran sie schon lange gedacht haben. Viele Lieder der Vorweihnachtszeit singen davon, dass das Volk Israel den Messias, den Retter, herbeigesehnt, herabgefleht hat. »In bangen Nächten«, wie es in einer traditionellen Volksweise heißt. Diese Erwartung ist über alle Zeiten und Kulturen hinweg zu einem Bild jeden menschlichen Lebens geworden.

Jeder Mensch kennt diese »bangen Nächte« in seinem Leben, hofft, dass sich einmal das Blatt wenden wird, dass der Morgen anbricht oder dass irgendjemand an die Fenster des Lebenshauses klopft, der unsere Pläne kennt und längst verwirklicht hat, der uns auf eine Reise mitnimmt, die uns aus dem Alltag herausreißt.

Weihnachtskämpfer und Weihnachtsflüchtlinge

Einmal im Jahr richten sich alle unsere Hoffnungen und Erwartungen auf einen Heiligen Abend, eine Heilige Nacht. Das Familienfest soll es werden: das beste Essen, der beste Wein, der strahlendste Weihnachtsbaum, ein überbordender Gabentisch. »Einmal muss das Fest ja kommen«, hat Ingeborg Bachmann in einem ihrer Gedichte geschrieben.

Und wir hoffen alle Jahre wieder, dass es doch dieses eine Mal sein möge, dass das Fest auch zu uns komme, dass »Kummer und Harm« still schweigen und sich für ein paar Stunden Frieden über den Meridian unserer kleinen Lebenswelt senken möge. Einmal im Jahr Geborgenheit spüren und einmal im Jahr sorglos sein dürfen. Vielleicht ist diese unstillbare Sehnsucht nach dem weihnachtlichen Ausnahmezustand der Grund, warum viele Menschen immer wieder versuchen, Weihnachten unter Ausschluss der Wirklichkeit zu feiern. Und sicher ist dieser Versuch der Hauptgrund, warum die Heilige Nacht für manche Menschen zu einer derart gestressten unheil(ig)en Zeitspanne wird. Statt Frieden auf Erden und einem Wohlgefallen für die Menschen der Kraftakt, zerstrittene Familienparteien an einen Tisch zu bringen, Festtagsfreude herzustellen und einen unvergesslichen Abend zu inszenieren. Statt stiller Nacht der überhörbare Lärm weihnachtlicher Stimmungsmache. Wer soll sich da noch Gehör verschaffen, wer will uns mitten in der Nacht noch antreffen, wenn wir vor lauter Weihnachtsrummel kaum mehr wissen, wo uns der Kopf steht?

Wem all das schon lange gegen den Strich geht, versucht der Heiligen Nacht zu entfliehen. An exotischen Stränden, fernab von weißer deutscher Weihnacht lassen sich die Stunden, in denen die anderen feiern, besser überstehen. Vor zwei Jahren habe ich es auch probiert: Weihnachten unter Palmen, ein romantischer Sonnenuntergang bei warmer Abendbrise zur Bescherungszeit, am Morgen danach Frühstück draußen, bei strahlender Sonne im luftigen Halbarmhemd. Weihnachten? War da noch was? Ein kitschiger Tannenbaum im Eingangsbereich der Hotelhalle erinnerte daran, dass anderswo holde Knaben im lockigen Haar in Krippen lagen und Engel mit rosigen Füßen die Erde betraten. Ob mir was gefehlt hat, ob ich nichts vermisst habe, haben mich

Freunde und Verwandte gefragt. Und ich muss sagen: Nein, eigentlich nicht. Die Nähe geliebter Menschen, die sich für mich etwas ganz Besonderes ausgedacht haben, ja, das schon, aber sonst? Die Entfernung und die kulturelle Distanz, aber auch die Einsamkeit unter so vielen fremden Menschen im Hotel haben mich viel mehr über Weihnachten nachdenken lassen, als ich dies vielleicht im häuslichen Weihnachtsrummel getan hätte. Jedes Jahr möchte ich nicht vor Weihnachten davonlaufen. Aber seit jenem Weihnachten in der Fremde kann ich mein Weihnachten zu Hause irgendwie gelassener feiern.

An meinem Heiligen Abend unter Palmen ging ich vor dem Abendessen zum Strand hinunter. Postkartensonnenuntergang, sanftes Meeresrauschen, der Strand leer, nur in einiger Entfernung ein paar Menschen und Stimmen, die herüberwehen. Am Übergang zwischen Strand und Hotel stand ein Mädchen: dunkle Locken, große Kinderaugen, sieben oder acht Jahre alt. Mein »Na?« machte sie verlegen. Auch die Frage, ob sie gleich etwas vom Christkind bekomme, blieb unbeantwortet. Ich versuchte es auf Englisch. Verlegenes Lächeln einer unvollständigen Milchzahnreihe. Vielleicht versteht sie mich überhaupt nicht, dachte ich. Sie lachte mich an, als wären wir bei einem Casting für irgendeinen Kinderfilm. Dann drehte sie sich um und lief in Richtung Hotel.

Später am Abend beschloss ich, dass dies mein Christkind gewesen war. Mein kleiner einsamer Engel, der vielleicht von den Eltern noch für kurze Zeit weggeschickt worden war, damit sie so etwas wie eine Ersatzbescherung ausrichten konnten. Und es war »mein Christkind«, weil ich mich ein wenig in der Einsamkeit und Verlegenheit dieses Kindes wiedererkannte, in seinem Zögern und Auf-der-Stelle-Treten meine Unentschlossenheit, meine Ängstlichkeit sah. Und es war bestimmt nicht nur die Einsamkeit dieser weihnachtlichen Mitternachtsfeier tausende Kilometer von zu Hause entfernt, die mich froh sein ließ, dass dieser Jesus das Kind geworden war, das ich auch als Erwachsener immer noch in mir trage: ein neugieriges und doch ängstliches, ein Nähe suchendes und doch zugleich zögerliches verunsichertes, die Nacht fürchtendes Kind wie ich.

Licht, das die Nacht erhellt

»Die Nacht streckt ihre Finger aus«, heißt es in einem Gedicht von Sarah Kirsch. »Sie findet mich in meinem Haus/Sie setzt sich unter meinen Tisch/Sie kriecht wird groß sie windet sich.« Die Nacht ist wie ein Ungeheuer, das die Menschen klar und deutlich voneinander scheidet: in die Einsamen und in die, die beieinander liegen; in die Schlaflosen und die, die friedlich schlummern; in die Nachtschwärmer und die, die mit den Hühnern zu Bett gehen. Am Tag scheint alles ununterscheidbar, verschwommen. In der Dunkelheit der Nacht treten die Konturen deutlicher hervor, werden die Schnitte schärfer, die Zuordnungen klarer. In christlicher Glaubenstradition wird die Geburt Jesu inmitten der Nacht gefeiert. Das ist keine Zeitangabe, die von Geburtsregister und Familienstammbuch nahegelegt wird, sondern die der Glaube oder besser noch die Theologie vorgibt. Hinter der »Weih-Nacht« steht jene andere, in der frühen Kirche zunächst viel entscheidendere und zuerst gefeierte Nacht von Ostern. Weil das Licht Christi alle Grabesnächte erhellt hat, muss auch schon die Geburt dieses Jesus aus Nazaret das Licht sein, das die Nacht der Welt erhellt.

Das Bild der Nacht reicht tief in die menschliche Seele hinein. Sie gehört zu jenen Urbildern, die den Menschen von allem Anfang an begleiten. Nacht: Das sind nicht nur die Stunden der Dunkelheit und Schlafenszeit, sondern auch die Zeiten der Unentschiedenheit, der Niedergeschlagenheit, der Depression und Fühllosigkeit. Die Nacht, die ihre Finger nach dem Menschen ausstreckt und sich in seinem Lebenshaus einnistet, steht für all das Dunkle, das den Menschen bedrohen kann. Das kann eine schwere Krankheit ebenso sein wie der Verlust des Berufes oder das Zerbrechen einer Partnerschaft. Das können aber auch die Schatten des Alters sein oder die alltäglichen Situationen der Mutlosigkeit. Wer durch die Nacht gegangen ist, wer Zeiten des Leidens erdulden musste, berichtet im Nachhinein nicht selten, dass am Punkt der tiefsten Not zugleich auch der Wendepunkt erreicht war.

Das alte griechische Wort »Krise«, das wir so schnell in den Mund nehmen, wenn wir Schwierigkeiten bewältigen müssen, enthält diesen Gedanken. Mit »Krise« war der Punkt gemeint, an dem der Bauer seinen Pflug umkehren und in die Gegenrichtung weitergehen musste. Jede Krise ist also immer auch ein Richtungswechsel. Da, wo es nicht mehr weitergeht, hilft nur Neuorientierung und Neuansatz.

Das ist der zentrale Gedanke, der sich am Weihnachtsfest ausspricht: Es kann nicht noch dunkler werden, noch mehr bergab gehen, noch schlimmer werden – ein Kind, Sinnbild des Anfangs, aller Hoffnung und allen Neubeginns, gibt eine neue Richtung vor, hilft der Welt, sich neu zu orientieren.

In vielen mittelalterlichen Frauenklöstern gab es in der

Weihnachtszeit den Brauch des Kindwiegens. Eine lebensgroße Säuglingspuppe aus Holz wurde von den Ordensfrauen auf den Armen hin und her gewogen. So sollte in der Nachahmung spürbar werden, mit welcher Liebe und welchem tiefen mütterlichen Gefühl diesem neugeborenen König begegnet werden konnte. Das äußere Tun schrieb tief ins Herz, was im Lied gesungen wird: »Oh Kindelein, von Herzen dich will ich lieben sehr, in Freude und in Schmerzen, je länger mehr und mehr.« Wer in den Nachtzeiten seines Lebens von irgendwoher Hilfe erfahren hat, wer seine Hoffnung auf einen noch so kleinen Keim der Zuversicht gesetzt hat, kann nachvollziehen, mit welcher Liebe hier ein Säugling umgeben wird, der noch gar nichts an dieser Welt hat ändern können, der nicht als Held und Macher in die Welt eintritt, sondern hilfsbedürftig und machtlos daherkommt.

Katastrophe und Rettung

In den großen, oft ein Millionenpublikum fesselnden Filmerzählungen, die mit unendlichem Aufwand produziert werden, kommt die Rettung aus der Not dreidimensional bombastisch daher. Mich fasziniert immer wieder, dass an Weihnachten der Retter der Welt so unspektakulär als Säugling beginnt, bedürftig und angewiesen. Und auch die Chöre der Engel und die Sterndeuter aus dem Osten können doch nicht darüber hinwegtäuschen, dass aller Menschen Heil ganz bescheiden und zurückgezogen heranwächst, keine besondere Gestalt und keine auffallende Schönheit besaß, sondern ein Kind unter Kindern war. Ein durchschnittliches Kind. Wie Tobbi, der Erfinder aus der dritten Volksschulklasse, und wie das kleine

Mädchen am Strand meines Weihnachtsurlaubsortes. Im Talmud heißt es in Bezug auf die Geburtsgeschichte des Mose: »Ehe die Not beginnt, ist der Retter schon geboren.« Wenn das die Botschaft des alljährlichen Weihnachtsfestes wäre: Die Rettung ist immer schon ein paar Stunden älter als die Katastrophe.

Mit dem göttlichen Kind ist uns ein Bild vor Augen gestellt, das deutlich macht, dass aller Nächte Tag angebrochen ist. Damit ist nicht gesagt, dass die Finsternis für immer alle Macht verloren hat. Die Nächte des Lebens, das Leid bleibt auch dem nicht erspart, der mit gläubigen Augen auf das Kind in der Krippe schaut. Und zugleich sieht, wer an diese fleischgewordene Hoffnungszusage glaubt, doch all das anders. So vielleicht, wie Jochen Klepper in einem seiner bekannten Weihnachtslieder gedichtet hat: »Noch manche Nacht wird fallen/auf Menschenleid und -schuld/doch wandert nun mit allen/der Stern der Gotteshuld.«

Vielleicht ist genau das das Besondere an diesem »Christkind«, das in dieser stillen, heiligen Nacht geboren wird: Es schaut nicht mal eben kurz rein, lächelt uns an und verschwindet dann schnell, es geht vielmehr ganz und gar auf dieses menschliche Leben ein und geht den Weg, den alle Menschen gehen müssen, mit.

In der Nacht, in der es an Tobbis Kinderzimmerfenster klopft, beginnt nicht nur für das Menschenkind Tobbi, den Schüler aus der dritten Volksschulklasse, der zugleich Erfinder ist, eine ungeahnte Abenteuerreise, es beginnt auch eine tiefe Freundschaft zwischen diesen beiden so fremden und zugleich doch so vertrauten Wesen. Vielleicht ist dies viel wichtiger als das Wunder, dass Tobbi sein langgeplantes »Fliewatüüt« endlich bekommt, und vielleicht ist es auch wichtiger als die Lösung der Prüfungsaufgaben, die Robbi, der Roboter aus der dritten Roboterklasse, zu bewältigen hat. Ein bedeutsamer theologischer Satz des Mittelalters fragt: »Cur deus homo? Warum ist Gott Mensch geworden?« Und die Antwort lautet: Er wollte »Mitliebende« haben.

Die Mitte der Nacht wird hell wie der Tag. Plötzlich stehen uns all unsere Wünsche und Hoffnungen, unsere Sehnsüchte und Pläne klar vor Augen. Endlich ist ein Begleiter gefunden. Endlich haben alle Wege Sinn.

An einem Geburtstag – und Weihnachten ist ja nichts anderes als dies – erinnern wir uns an unseren eigenen Anfang. Wir versuchen ihn besser und deutlicher zu sehen; und vielleicht verstehen wir dabei unseren bisherigen Weg besser; vielleicht auch kommen wir dabei einigen Irrtümern unseres Lebens auf die Spur. Und wenn uns ein Glück widerfährt, dann finden wir den Mut, in unseren späten Jahren einen neuen Anfang zu riskieren. Wer sich etwas Gutes tun möchte, der hilft dem Kind in ihm selbst, dass es leben und träumen darf. Er wird mit ihm zusammen träumen und spielen und darüber zu Zeiten die ganze Welt vergessen. Er wird danach dieser Welt besser gewachsen sein.

Jörg Zink

Die Geburt Jesu und die Anbetung der Hirten – Vom Frieden der Gnade

Eugen Drewermann

Mit einem Fanfarenstoß beginnt die Geburtsgeschichte Jesu im Evangelium nach *Lukas*. »Eine Verfügung ging von Kaiser Augustus aus, die ganze bewohnte Welt sei aufzuschreiben. Diese Aufschreibung geschah erstmals, als Quirinius Statthalter von Syrien war.« (Lk 2,1.2) Den Worten nach enthält diese Einleitung eine historische Zeitangabe – und ist als solche mehrfach irrig: Wohl trifft es zu, dass Augustus (63 v. Chr. – 14 n. Chr., Alleinherrscher Roms ab 31 v. Chr.) ein System der Steuerveranlagung eingeführt hatte, zu dem es gehörte, dass alle 14 Jahre eine neue Eintragung in die Steuerlisten vorgenommen werden musste; jedoch berichtet der jüdische Geschichtsschreiber Flavius Josephus (37/38 n. Chr. – um 100), dass erst im Jahre 6 n. Chr., als Judäa der Provinz Syrien einverleibt wurde, Quirinius, zusammen mit dem ersten Prokurator Coponius, eine Steuerveranlagung in Judäa durchgeführt habe; zu dieser Zeit war Jesus vermutlich schon 12 Jahre alt. In Wahrheit geht es Lukas indessen hier gar nicht um eine korrekte historische Berichterstattung, in Wirklichkeit ist es ihm um die *Um*schreibung der gesamten menschlichen Geschichte zu tun: mit der Geburt Jesu hat ihm zufolge eine neue Weltordnung begonnen.

Dass die Geburt des Mannes aus Nazaret nach Betlehem, in »die Stadt Davids«, verlegt wird, entspricht einer theologisch begründeten Legendenbildung, auf die auch *Matthäus* (Mt 2,1) zurückgreift: schon durch seinen Geburtsort sollte Jesus als »Sohn Davids« beglaubigt werden, als der »Gesalbte«, als der »Christus« (hebr.: der Messias), – hatte doch der Prophet *Micha* (Mi 5,1, vgl. 2 Sam 5,2; Mt 2,6) die Ankunft des Königs der Endzeit an eben diesem Orte geweissagt. Lukas verwendet die (fehldatierte) Steuereintragung, um zu erklären, wieso Jesus, der Nazarener, in Betlehem zur Welt gekommen sein kann, doch nimmt er dafür einen Widerspruch zum jüdischen Gesetz in Kauf: Maria und Josef müssten inzwischen verheiratet sein und als Mann und Frau zusammenwohnen, denn eine Reise von nur Verlobten hätte als unschicklich gegolten; von einer Heirat aber wird nichts erzählt. Völlig undenkbar ist es zudem, alle Männer zur Registrierung in ihre Geburtsstadt reisen zu lassen und damit das ganze römische Imperium auf Monate und Jahre hin durcheinanderzuwürfeln. Aus all diesen logischen Ungereimtheiten kann man nur schließen, dass Lukas etwas ganz anderes im Sinn trägt als historische Exaktheit. Matthäus setzt die Geburt Jesu in Betlehem in einen Gegensatz zwischen dem »wahren« König aus Israel und dem vermeintlichen Königtum Herodes' des Großen (Mt 2,1–23); Lukas greift ungleich höher: Nicht allein für Israel, – für die ganze Welt, für das Weltreich Rom, für die Frage der Macht zu allen Zeiten der menschlichen Geschichte ändert sich mit der Ankunft Jesu in der Davidsstadt Betlehem alles. Seither gilt es zu wählen auf Entweder-Oder, woran man wirklich glaubt: an den Messias aus Israel oder an den römischen Kaiser, an den »Sohn Gottes« der hebräischen Propheten oder an den vergöttlichten Amtsträger auf dem Cäsarenthron, an die Macht der Güte zur Befriedung der Welt oder an die Gewalt der Waffen zum »Siegfrieden« auf den Schlachtfeldern. Entweder-Oder. Ein für allemal.

Wie schroff diese Alternative sich stellt, wird unzweideutig klar in den hymnischen Lobpreisungen, mit denen man die »Friedenspolitik« des Kaisers Augustus in jenen Tagen umgab. Hören wir nur Nicolaus Damascenus (geb. um 64 v. Chr.), den Kanzler und Hofschreiber des Königs Herodes, wie er den römischen Imperator in den Himmel zu heben weiß: »Die Menschen«, schreibt er, »haben diesem Manne den Ehrennamen Augustus (sc. der Erhabene, im Jahre 27 als Kaisertitel, d.V.) beigelegt und verehren ihn durch Tempel und Opfer hin und her in den Städten und Nationen … zum Dank für sein großartiges Lebenswerk und die Segenstaten, die er an ihnen vollbrachte. Denn er ist der Mann, der den Gipfelpunkt menschlicher Macht und Weisheit erreicht hat. Er hat die größte Völkerschar, von der die Geschichte weiß, unter seiner Herrschaft vereinigt. Unter ihm haben die Grenzen des Römischen Reiches ihre größte Ausdehnung erlangt. Er hat nicht nur die Völker, sondern auch die Herzen aller Menschen ein für allemal gewonnen, zunächst mit der Waffe in der Hand, dann aber auch ganz ohne Waffengewalt. Stämme, die zuvor kein Mensch auch nur dem Namen nach kannte, hat er zu Kulturvölkern erzogen. Nationen, die seit Menschengedenken keinen Herrn über sich duldeten, leisten ihm freiwillig Gefolgschaft um der gütigen Menschlichkeit willen, die sich immer leuchtender in ihm offenbart.«

Worte wie diese sind nicht nur üblich zu allen Zeiten für die »Herrscher der Welt«, von der Pax Romana damals bis zum Konzept einer Pax Americana in den »Think tanks« des 21. Jahrhunderts n. Chr., sie sind auch

stereotyp gleichbleibend in der Dreistigkeit ihrer Selbst-
widersprüche: da sollen »die Herzen aller Menschen« gewonnen worden sein zunächst mit Waffengewalt – dann
auch ganz ohne Waffen; so umschreibt man die totale
Kapitulation und Unterwerfung ganzer Menschengrup-
pen unter die Knute militärischer Macht, die freiheit-
liebende Völker unter das Joch zwingt und auf immer
tributpflichtig macht. Eben diesem Zweck dient ja die
reichsweite Steuerveranlagung: die Militärmaschinerie
muss geschmiert werden – mit dem Blut der Erschla-
genen, dem Schweiß der Versklavten, dem Mark der Be-
siegten – wahrlich, so werden »Barbaren« zu »Kulturvölkern« »erzogen«. Doch damit das alles gefeiert werden
kann als »Segenstat« einer »gütigen Menschlichkeit«,
müssen »die Herzen der Menschen gewonnen« werden,
auf dass sie sich diesem Despoten in Dankbarkeit, Gefolgschaft und Verehrung »freiwillig« und vorbehaltlos
unterwerfen. »Dies ist der Mann«, schreibt wenig später
sogar (oder gerade) der große römische Dichter Vergil
(70–19 v. Chr.), »dies ist er, der längst den Vätern Ver-
heißne, Caesar Augustus, Sohn Gottes und Bringer der
Goldenen Endzeit.« – Wer also ist da der »Sohn Gottes«,
der »Bringer des (wiedergekehrten) Goldenen Zeit-
alters«? Der Mann der Macht oder der Mann der Ohn-
macht?

Wie radikal Lukas sich und dem Leser diese Frage
vorlegt, zeigt sich daran, dass er es wenig später als eine
Versuchung des Satans schildert, »all die Königreiche des
bewohnten Erdkreises« sich unterwerfen zu wollen; »all
diese Macht« kann man erringen doch nur, indem man
sich vor dem Teufel (anbetend) niederwirft (Lk 4,5–6).
Als Götzendienst und Teufelsdienst, als Selbstapotheose

sterblicher Menschen, die sich durch Gewalt und Herrschaft »unsterblich« machen möchten, erscheint da der Wille zur Weltherrschaft, und sie tritt nirgends so offensichtlich, so schamlos und unverfroren in Erscheinung als in der Gestalt des Kaisers »Augustus«. In seiner Hand regiert der diktierte Gewaltfriede eines Imperiums, das in der Tat die gesamte damals bekannte Erde umspannte, von Schottland bis Mesopotamien, von Spanien bis Syrien, von der Nordsee bis Nordafrika. Feierlich werden im August 29 die Tore des Janustempels geschlossen: Wenn jemals eine Militärmacht erreicht hat, was sie wollte, dann unter und durch Augustus. – Doch um welchen Preis?

Was Jesus dagegen zu stellen hat, ist zweierlei: negativ gesprochen, ist es die Abscheu vor der Gewalt, positiv gesagt, ist es der Glaube an die Macht der Liebe im Herzen der Menschen. Was für ein Recht eigentlich nehmen sich die Mächtigen, ihre »Größe« zu gründen auf der Höhe der Leichenhaufen ihrer Opfer? Wer nur hat sie gelehrt, ganze Wälder abzuholzen, um die Landstraßen ihres Imperiums mit den Kreuzen grausam Hingerichteter zu flankieren? Was für eine Kulturleistung soll das sein, Menschen mit Wasserleitungen und Repräsentativbauten zu beglücken und ihnen dafür alles zu nehmen, was einmal ihre Freiheit und Würde ausgemacht hat? Fragen dieser Art richten sich nicht speziell an das Römische Imperium, sie richten sich gegen die Skrupellosigkeit an sich, Menschen zu Hekatomben auf dem Altar der eigenen Machtgier zu opfern. Umgekehrt: Statt Menschen beherrschen zu wollen, sollte man sie dahin begleiten, ihre eigene Mündigkeit, ihre Zuständigkeit für sich selbst zu gewinnen; statt sich die Arbeitskraft anderer zur

Vermehrung des eigenen Reichtums nutzbar zu machen, sollte man Menschen dazu anleiten, den Reichtum ihres eigenen Lebens zu entdecken und zu entfalten; und statt sich selber mit den eigenen Überlieferungen und Überzeugungen zu dem maßlosen Maßstab aller anderen zu setzen, sollte man sich dafür einsetzen, dass Menschen selber ihr eigenes Maß zu finden und einzuhalten vermögen.

Eine solche Botschaft scheint einfach und klar, doch sie bedeutet den Umsturz von allem. Sie ist wie ein warmer Wind, der die Gletscher zum Schmelzen bringt und das Eis von Äonen als Tränen zerrinnen lässt. Es genügt, dass ein milderer Ton sich zu Wort meldet im Geschrei der Gewalt, und die Menschen werden ihn vernehmen wie ein Lied ihres eigenen Herzens, auf dessen Klang sie seit jeher, wenn bislang auch vergebens, gewartet haben. Es genügt, eine Wohnstatt des Wohlwollens einzurichten, und in Scharen werden an ihr die Wehmütigen, die Wahrheitsuchenden, die Widerspenstigen aus Not und Elend sich sammeln als an einem Ort des Verstandenwerdens, des Seindürfens, der Daseinsberechtigung. Die Frage freilich bleibt, wo eine solche »Herberge« der Humanität sich auftut für die Ankunft des »Christus«.

Es ist ein altes, mythisches Motiv, dass die Mutter des Gottes(sohnes) auf der Wanderschaft bzw. auf der Flucht vor Verfolgung (wie in Mt 2,13–23) ihr Kind gebären und in Sicherheit bringen muss; religionsgeschichtlich handelt es sich dabei um Bilder, die der Mondmythologie, dem Fruchtbarkeitskult bzw. der Regelung dynastischer Fragen entstammen dürften; in der lukanischen Legende von der Geburt Jesu aber existiert (noch) nicht jene »Herbergssuche«, die in den weihnachtlichen Krippenspielen einen so großen Raum einnimmt, ebenso wenig wie der Ochs und der Esel, zwischen denen Jesus in der »Krippe« das Licht der Welt erblickt haben soll. Die gesamte Szene besitzt ihr Vorbild erkennbar nicht mehr im antiken Ägypten, sondern im Mythos von der Geburt des thessalischen Arzt- und Heilgottes Asklepios, von dem ein eigentümliches Licht auf die biblische Erzählung fällt. Allerdings muss man, um die Bilderfolge zu verstehen, die einzelnen Motive je für sich betrachten.

Wie wird und wie kann (etwas von) Gott so bei uns im menschlichen Herzen »ankommen«, dass es zu einem alles verändernden Geschehen aufwächst? Als allererstes wird der Einbruch von etwas wirklich Neuem uns wohl stets wie fremd erscheinen, er wird uns Angst machen, irritieren, womöglich ablehnend und feindselig stimmen, während wir doch zugleich auch spüren, dass da etwas in uns selbst sich zu Wort meldet, auf das wir bisher nie wirklich gehört haben. Ein solcher Neuanfang kann nur gelingen, wenn wir es lernen, das so noch nie Gelebte, das bisher als unbrauchbar Vernachlässigte, das noch gänzlich Unerprobte und Unfertige zu akzeptieren und zu integrieren. In der Symbolsprache der Mythen und der Träume stellt sich dieser Vorgang gern in der Geburt eines Kindes dar: Ein neuer Seelenteil in uns kommt so zur Welt, – ohne dass wir ihn »erzeugt« hätten, ohne dass wir wüssten, wie er denn nun sich entfalten könnte, ohne dass wir begriffen, worum es sich eigentlich handelt; wir wissen nur, dass dieses Verdrängte und Ungelebte zum Leben zugelassen werden muss, wenn es überhaupt eine Hoffnung auf Glück und Reifung geben soll.

Mit einem gewissen Recht hat sich das weihnachtliche Bild der Madonna mit dem Kind deshalb dem Gedächtnis der Menschen besonders eingeprägt, gilt es doch, die Geburt des Kindleins selbst als »Erlösung« von unserem erwachsenen Leben zu begreifen und zu ergreifen. Nicht von dem biographischen Anfang eines Gottes berichten die Geburtsmythen, sie zeigen uns vielmehr das Bild des »Kindgottes« als die Verkörperung eines reinen Anfangs. Wie viel liegt in uns wie verschüttet seit Kindertagen, das uns wegerzogen, verboten und entfremdet wurde in dem Bestreben, aus uns »richtige« Menschen und »tüchtige« Erwachsene zu machen! Möglich, dass wir im Laufe der Zeit uns diesem Druck anzupassen vermochten, und doch sind wir dabei immer einseitiger, immer stromlinienförmiger und immer zweckorientierter geworden, auf Kosten unserer Gefühle, in Einschränkung unserer Wünsche und um den Preis der Verdrängung so vieler kostbarer Fähigkeiten, die tief verborgen gleichwohl nach wie vor noch in uns schlummern.

Es kann nicht ausbleiben, dass wir mit einer gewissen Angst und ein Stück weit argwöhnisch diesen »vergessenen« Seiten in uns gegenüberstehen; und doch kann die Bergung dieser wertvollen Schätze unserer Seele irgendwann zu einer Aufgabe werden, die über Gesundheit und Krankheit, über Gelingen und Misslingen unseres Lebens, über Sinnfindung und Sinnverlust von allem entscheidet, was wir sind und gemacht haben: Wollen wir uns weiter einengen und einzwängen in eine bestimmte Form der Vollkommenheit – dann droht die Gefahr des Verdornens und Verdorrens; oder wagen wir es, die gesetzten Grenzen zu überschreiten und eine gewisse Vollständigkeit unseres Selbst anzustreben – dann erwachen wir zu einer Freiheit und Weite, wie wir sie nie gekannt haben. Diese Gestalt des Kindes in uns, dieses Uranfängliche in uns selbst, müssen wir zurückgewinnen, um selber *ganz* zu werden. »Wer, wenn er erwachsen wird, aufhört, das Kind zu sein, das er einmal war, hört auf, ein Mensch zu sein«, meinte Erich Kästner (1899–1974) und demonstrierte diese Tatsache mit dem Gedicht »Pädagogik spaßeshalb«, das so beginnt:

Das größte Kind muss an die Tafel schreiben.
Und dauernd ernst sein. Und den Lehrer machen.
Die andern Kinder dürfen Kinder bleiben.
Und sollen nur, wenn er's verbietet, lachen.

Dann gibt das große Kind zunächst den Kleinen
ein schwieriges Diktat. Mit Das und Dass.
Die Mädchen müssen, wenn sie können, weinen.
Sonst machen sie die Hefte anders nass.

Auf diese Weise kann man Kinder dahin bringen, sehr schnell »groß« zu werden, aber: alle, die in dieser Art »groß« werden mussten, stehen später einmal vor der Aufgabe, das »Kleinsein« und das »Kindsein« neu zu lernen, um bei sich selber anzukommen und ehrlich leben zu können.

Ein anderes Bild, das mit dem Symbol des Kindseins in Zusammenhang steht, ist die Nähe zu den Tieren. Im Zeichen der »Wappentiere« stellte Paul Konrad Kurz (1927–2005) in einem kleinen Gedicht das Prinzip der Machthaber dieser Welt dem Programm des »Christus« vom Königtum Gottes gegenüber:

Ihre Tiere:
Adler, Doppeladler,
gekrönte Adler,
Löwe, Wolf, Hahn.

Seine Tiere:
der Fisch, das Lamm,
die Taube, der Sperling.

Der bekannte Ochse und der Esel sind wegen des Miss-
verständnisses einer Jesaja-Stelle (Jes 1,3) in die weihnachtlichen Krippendarstellungen hineingeraten, doch
psychologisch wie religionsgeschichtlich ist dieser Ein-
trag durchaus korrekt. Es war Arthur Schopenhauer
(1788–1860), der die Tiere für das »gänzliche Aufgehen in
der Gegenwart« bewunderte und meinte, gerade dadurch
trügen sie »viel bei zu der Freude, die wir an unseren
Hausthieren haben«: sie seien »die personificirte Gegenwart« und machten so »uns gewissermaaßen den Werth
jeder unbeschwerten und ungetrübten Stunde fühlbar.«
Sonderbarerweise lassen gerade die Tiere, bei all der Em-
sigkeit, mit der sie sich der Futtersuche, dem Hausbau
und der Paarung widmen, uns etwas ahnen von der stillen Freude und Ruhe eines zweckfreien Daseins; sie kor-
rigieren dadurch die Gehetztheit unseres Lebensstils und
führen uns ein in das »kindliche« Glück einer einfachen
Identität mit sich selbst. Sie verkörpern eine Welt, wie die
Bibel sie auf ihren Anfangsseiten schildert: als einen pa-
radiesischen Garten, in dem Menschen und Tiere in
Frieden miteinander leben (Gen 2,19.20) und in dem
Schopenhauers Satz noch nicht gilt: »die Menschen sind
die Teufel der Erde und die Thiere die geplagten Seelen.«

Doch um freundlich mit den Tieren umgehen zu können, müssten die Menschen davon ablassen, im Namen einer bestimmten Moral das »Tierische« in sich selbst zu unterdrücken und als etwas »Sündhaftes« abtöten zu wollen. Integration der Triebe und Affekte statt Selbstunterdrückung in Angst und Schuldgefühlen einerseits sowie Einheit mit den Tieren statt deren Ausbeutung und Ausrottung andererseits, beides, psychologisch wie ökologisch, mahnt das Bild des Kindgottes zwischen den Tieren an; es verweist damit auf ein Lebenskonzept, wie es bereits in der Religion des Asklepios sich einmal mit der Heilung von Krankheit und mit der Verheißung von Heil und Frieden verband.

In seinem Reisebericht über Griechenland (zwischen 160 und 180 n. Chr.) beschrieb Pausanias, wie die Geliebte des Lichtgottes Apoll, die in anderen Quellen Aigle (die »Lichte«), aber auch Koronis (die »Rabenschwarze«) genannt wird, ihr neugeborenes Kind Asklepios auf einem Berge aussetzte, wo es der Hirt Aresthanas fand zwischen einer Ziege und einem Hund: die Ziege stillte den Säugling, der Hund bewachte das Kind in blendendem Lichte, sodass sich der Hirte wie von einer Göttererscheinung abwenden musste; in demselben Augenblick hörte man eine Stimme, die über Erde und Meer verkündete, der Neugeborene werde alle Heilmittel für die Kranken finden und die Toten wiedererwecken. – Tatsächlich galt die *Ziege*, deren Fellzeichnung man mit den Wolken verglich, als Bringerin von Regen (und Fruchtbarkeit) (vgl. Ri 6,36–40!), während der *Hund* dem Bereich der Unterweltgöttin Hekate zugeordnet wurde. In jedem Falle verkörperte Asklepios eine Synthese von Hell und Dunkel, Tag und Nacht, Leben und Tod – von Bewusstsein und Unbewusstem, Geist und Seele, psychologisch betrachtet –, und ganz entsprechend wirkte er im Tempel von Epidauros als der »Gott des aufscheinenden Lichtes«: seine Priester ließen sich die Träume der Patienten erzählen, die ihnen während des Schlafs im Heiligtum geschenkt worden waren, und deuteten sie, wie im Vorgriff auf die Techniken der Psychoanalyse, als Botschaften über die Gründe der Krankheit und über die Wege zur Heilung. Offensichtlich wussten diese Priesterärzte um die wunderbare Fähigkeit des Menschen, sein eigentliches Ich in Träumen wahrzunehmen, und sie vertrauten darauf, ein Mensch müsse nur im Heiligtum selbst, im Schutze des Gottes, geborgen im Bereich einer Welt noch vor dem »Sündenfall«, unverstört träumen, um als ein innerlich Veränderter zu »erwachen«. Es ist Lukas, der Legende zufolge selber ein Arzt, der diese therapeutische Botschaft der Asklepios-Mythe in seiner Geburtserzählung aufgreift und damit die Person und das Wirken Jesu zu deuten versucht – zu Recht; denn ein zentrales Bemühen des »Kindgottes« von Betlehem wird es sein, die Angst der Menschen mit seinem Vertrauen zu Gott als dem »Vater« so weit zu beruhigen, dass darüber die seelischen und körperlichen Symptome von Not, Stress und Verzweiflung verschwinden können. Wesentlich, wenn er die Ankunft des »Gottesreichs« verkündete, verstand sich Jesus als Heiler (vgl. Lk 9,2), und es lebte in ihm die Kraft, unsere Seele derart anzurühren, dass sie erfüllt ward von heilenden Träumen; ja, er selber, die Gegenwart seiner Person, vermittelte offenbar eine Geborgenheit ähnlich der im Heiligtum von Epidauros, einen Raum der Berechtigung, der Begleitung und der Bestätigung, an welchem die Seele des Menschen sich selber durchsichtig zu werden vermochte bis auf den Grund, – eine Erneuerung der Jugend, wie der Psalm 103,5 sie verhieß.

Nicht zufällig ist es in der Asklepios-Mythe ein Hirte, sind es Hirten in der Christus-Mythe, die das neugeborene Gotteskind finden oder aufsuchen. Es ist gewiss nicht ganz falsch, in ihnen die Repräsentanten der Außenseiter, der Entrechteten, der marginalen Existenzen zu erblicken und zu betonen, dass gerade an sie Jesus seine Botschaft einer befreienden Güte richtet; doch wirtschaftlich gesehen war die Handwerkerfamilie Jesu nicht arm und waren speziell die Hirten sogar relativ wohlhabend; allenfalls wurden Hirten beargwöhnt, weil sie wegen ihres häufigen Weidewechsels von den Sesshaften als Diebe verdächtigt wurden. In erster Linie dürften die Hirten ihre besondere Rolle in den Geburtsmythen von Asklepios und Jesus (aber auch dem persischen Mithras) deshalb wohl aus einem ganz anderen Grunde einnehmen: sie stehen für den Grenzbereich zwischen Natur und Kultur, sie markieren den Übergang von der Stufe des umherschweifenden Sammlers und Jägers zu der Lebensform des niedergelassenen Bauern. Gerade als solche Verkörperungen des Übergangs sind die »Hirten« die rechten Adressaten für die Botschaft eines Gottes, der selbst den reinen Wandel, das reifende Zusammenwachsen der Gegensätze, die Entwicklung der anfanghaft schon sich herausbildenden Wesensgestalt der menschlichen Psyche personifiziert. In dem *Symbol* der »Hirten« sind die sonst so zerreißenden Widersprüche zwischen Trieb und Intellekt, Gefühl und Verstand, Herz und Gehirn als lebendige Ganzheit gesetzt; gerade in der relativ noch wenig entwickelten Existenzform der »Hirten« lebt deshalb die Verheißung und das Versprechen, die Geschlossenheit des eigenen Wesens zurückgewinnen zu können. Einzig »Hirten« sind deshalb imstande, eine Himmelsstimme bzw. die Verkündigung von Engeln zu vernehmen, die aller Welt die Bedeutung des neugeborenen Gottessohns kundtun: er werde den »Frieden«, der im Himmel schon ist, auf die Erde herabholen.

Wie vernimmt man die Stimme von »Engeln«, wie erschaut man ihre Gestalt in der »Nacht« außer in den Visionen eines sehnsüchtigen Herzens? Oder anders gefragt: Wie hell müssen die Augen von Menschen leuchten vor Glück, ehe sie im Dunkeln den Widerschein des Himmels über sich erstrahlen sehen? Und wie durchflutet von Freude muss das Herz eines Menschen sein, ehe es selber so einschwingt in die Harmonie des Alls, dass es das Wehen des Windes vernimmt als eine himmlische Musik? Und wie viel Erfüllung muss wohnen in der Seele eines Menschen, ehe ihm danach wird, die ganze Welt segnen zu mögen und als Segen zu erfahren? Die Voraussetzung für das Vernehmen der Verkündigung schenken die »Engel« selber mit ihren Worten: Als erstes nehmen sie den »Hirten« die Furcht aus dem Herzen, die jede Erfahrung von Göttlichem notwendig begleitet. Noch einmal war es Rainer Maria Rilke (1875–1926), der schrieb:

Wer, wenn ich schriee, hörte mich denn aus der Engel
Ordnungen? und gesetzt selbst, es nähme
einer mich plötzlich ans Herz: ich verginge von seinem
stärkeren Dasein. Denn das Schöne ist nichts
als des Schrecklichen Anfang, den wir noch gerade
       ertragen,

und wir bewundern es so, weil es gelassen verschmäht,
uns zu zerstören. Ein jeder Engel ist schrecklich.

Allerdings ist das Überwältigende in der Erscheinung
der »Engel« auf den Fluren von Betlehem nicht als verur-
sacht durch ihre (in der Neuzeit meist »weiblich« vorge-
stellte) »Schönheit« zu sehen, wohl aber durch die Über-
größe dessen, von dem sie künden: »Friede« soll sein
»auf Erden« (2,14)! Dass »in den Höhen« die »Herrlichkeit Gottes« wohnt, dafür stehen die Engel selber mit
ihrem Lobpreis – ihrem ewigen *Te Deum*. »Der Hymnus
der Engel vereint nicht nur Himmel und Erde, sondern
auch Vergangenheit, Gegenwart und Zukunft, Zeit und
Ewigkeit« – er ist Teil der Sphäre des Göttlichen, die sich
zur »Schöpfung« erweitert. Die Vorstellung folgt ganz
und gar dem *äthiopischen Henoch-Buch*, wo die Engel
mit dreifachem *Sanctus* den »Herrn der Geister« rühmen. Eigentlich, erklärte bereits Gregor von Nyssa (ca.
330–395) in seiner Weihnachtspredigt, sei die gesamte
Schöpfung ein Tempel Gottes, erfüllt mit dem Lobgesang
der Engel, doch dann habe die Sünde diesen himmli-
schen Klang zum Verstummen gebracht; dass die Menschen in sich selber den »Ton«, die »Harmonie«, die
»Symphonie« wiederfinden mögen, die es ihnen erlaubt,
aufs neue in das himmlische Konzert der Welt einzu-
stimmen, erscheint damit als das eigentliche Versprechen
des »Kindes«, das hier zur Welt kommt, – des »Retters«,
des »Messias«, des »Herrn« »in der Stadt Davids« (Lk
2,11). Freilich wird ihm dafür nur ein Weg offenstehen:
Jesus muss die Kindlichkeit seines Wesens, die Göttlich-
keit seines Kindseins, die Natur seiner selbst als eines
»Kindgottes« in die Welt tragen.

Seit jeher ist es die Frage, wem die Botschaft des »auf Erden Friede« eigentlich gilt und wie sie sich verwirklichen soll. Die alte lateinische Übersetzung griff hier vollends zurück in die gewohnte Verkehrtheit, indem sie den Frieden der Welt in Aussicht stellte den »Menschen, die eines guten Willens sind«. Wenn es so stünde, läge es an uns, wer wir wären und wie wir handelten: – wir müssten nur wollen. Nichts in der Botschaft der »Engel« überschritte dann das Dogma des ethischen Optimismus, der Mensch in seinen Willensentschlüssen sei frei, und so müsse er nur um das Richtige sich auch wirklich bemühen. Doch gerade an dieser Stelle bedeutet die Geburt des Kindes zu Betlehem eine entscheidende Veränderung: es geht nicht länger mehr um einen Ansporn des guten Willens, es geht um »Erlösung«. Selbst Martin Luther (1483–1546) übersetzte hier nicht ganz korrekt, indem er »den Menschen ein Wohlgefallen« in Aussicht gestellt sah. Dabei müsste gerade von *dem* Wort die Rede sein, das dem Reformator das liebste und wichtigste war: *Gnade!* »Friede« (bzw. »Heil«, Heilsein oder Heilung) wird auf Erden nur möglich sein in einem Feld vorbehaltloser Zuwendung und Zuneigung; »Friede« kann sich nur ereignen, wenn Menschen an einem Ort des Verstehens, nicht des Verurteilens, zu ihrer Ganzheit (ihrer »Heilheit«) hinfinden, – und ein solcher »Friede« kann nur sein ein Werk reiner »Gnade«. Doch nicht am »Willen« Gottes und an seiner mangelnden »Gnade« liegt es, dass Menschen nicht zu ihrem »Frieden« finden. Ein wenig frei, sinngemäß aber völlig richtig, müsste man die Stelle dieser entscheidenden Verheißung mit den Worten wiedergeben: »Friede auf Erden ist einzig möglich den Menschen, die Gottes Güte glauben können.« Allein als

»Werk« (oder Wirkung) von »Glauben« (Vertrauen) ereignet sich die Rückkehr in jene Welt, wie sie von Gott einmal gemeint war, das heißt vom Ursprung her gemeint *ist*.

Völlig falsch wäre es dabei allerdings, das Entweder-Oder zwischen »Angst« und »Vertrauen« erneut in eine Art »Wahlfreiheit« des Menschen zu verlegen. Um von Angst zu Vertrauen zu finden, bedarf es der Person eines anderen, der mit seiner Nähe allererst die Bedingung dafür schafft, um nach und nach aus der »Sünde« und der Verstellung der Angst, aus dem Gefühl der Unbedeutendheit, der Schuld und der Verlorenheit hinauszugelangen zu einem gewissen Selbstwertgefühl und Selbstbewusstsein. Erst dann wird es möglich, dass aus der Einsamkeit die Einfühlung einer suchenden Zugehörigkeit erwächst, dass aus der Ausgesetztheit eine besondere Empfindsamkeit der Seele sich entfaltet. Und so verkündet die Geburtslegende des *Lukas*, es sei die Heerschar der Gottesboten in die Sphäre des Himmels zurückgekehrt, die Hirten aber, einfache Leute, seien an ihrer Statt zu Boten der Gnade geworden: sie seien hinübergegangen von den Fluren der Engelerscheinung nach der »Davidsstadt« Betlehem, wo ihnen in einem Viehtrog der Lichtglanz des Himmels als wirklich erschienen sei.

Dieser Hinübergang der »Hirten« bildet womöglich das wahre »Wunder« der ganzen Geschichte. Da wagen es die »Hirten«, von ihrem »Heiltraum« sich hinüberzubegeben zur »Wirklichkeit«, von der Vision zur Wahrnehmung, von der Engelbotschaft zur Lebenseinsicht, von der Erscheinung zum Sein. In diesem Augenblick muss man Angst haben um die »Hirten«, so wie um jeden, der versucht, seine Träume zu leben. Denn jeden ihrer Schritte werden die sogenannten »Realisten« mit ihren Warnungen verstellen. Sie werden erklären, dass Träume zerbrächen an der Härte der Wirklichkeit; sie werden behaupten, dass Visionen nichts seien als Einbildungen des Herzens; sie werden darauf bestehen, dass man sich Illusionen nicht hingeben dürfe: Was es im Stall zu Betlehem zu sehen gebe, sei nichts Besonderes – ein schreiendes Kind, in Windeln gewickelt, in der Krippe liegend! Wie viele Menschen werden wohl das »Gotteskind« nie zu sehen bekommen, weil sie ihre kindlichen Träume schon verloren haben, noch bevor sie »Betlehem« erreichen, – schon auf dem Weg dahin sind sie auf schreckliche Weise »Realisten« geworden! Seit Kindertagen wurde ihnen beigebracht, dass selbst die Liebe alltäglich werden kann, ja, dass sie »gewöhnlich« werden muss, um »zuverlässig« und »sicher« zu sein, und dass sie nur so lange hält, als sie uns hinhält und aushält, ganz so, als müsste wie von selber alle Poesie und Verzauberung von einem geliebten Menschen abfallen, wenn wir nur begönnen, ihn tiefer kennenzulernen. Es gibt Skeptiker des Humanen, die, kaum dass wir »größer« geworden sind, uns zu glauben zumuten, dass die Wahrheit grundsätzlich schmutzig, blutig und eklig sei. – Aber wenn wir den Mut geschenkt erhalten, mit dem Bild der »Engel« vor Augen, hinüberzugehen zu Stall und Krippe, dann erweist sich im Morgendämmern der Heiligen Nacht, dass die Skeptiker, die Zyniker, die »Realisten« im Grunde nichts weiter sind als die Opfer ihrer eigenen Albträume – Menschen ohne Visionen, ohne Gottesboten, ohne Friede, ohne Freude. Jede Enge unseres Herzens macht Gefahr, andere Menschen einzuengen. Jeder

Traum unseres Wesens, den wir nicht wagen zu leben, wird Träume im Herzen anderer zerstören. Jede Hoffnung, die wir uns selber verweigern, wird andere Menschen der Hoffnung berauben.

Deshalb ist es so wichtig, dass die Hirten selbst der Madonna erklären, was sie soeben zur Welt gebracht hat. Ihre engelgleichen Visionen deuten die Zukunft des Kindes, und so als habe Maria die Botschaft Gabriels noch nie vernommen, zeigt sie sich verwundert wie »alle, die es hörten, ... was gesagt ward von den Hirten« (Lk 2,18). Offenbar bedürfen wir der Bestätigung anderer, die mit ihrer Sehnsucht, mit ihren Erwartungen, mit ihren Erfahrungen in die gleiche Richtung schauen, in die auch wir unserem ganzen Wesen nach blicken möchten: Eine Welt des »Friedens« ist möglich, ist wirklich, ist unendlich realer als die Welt der ewigen Kriege in den Händen der »Realisten«.

Wie widersprüchlich all dies sich freilich gestalten kann, schildert *Lukas* selbst an entscheidender Stelle: Als später Jesus Einzug hält in Jerusalem, alles: sein Leben, seine Botschaft, sein Wirken damit in Gottes Hände legend, rufen die Leute, ganz als wären die Worte der Engel auf den Fluren von Betlehem Wirklichkeit geworden: »Im Himmel: Frieden! Und Herrlichkeit: in den Höhen.« (Lk 19,38) Doch die Frage bleibt: was ist geworden aus der Weissagung vom »Frieden« »auf Erden«? Wenige Tage später schon werden dieselben Leute Pilatus frenetisch auffordern: »Kreuzige, kreuzige ihn.« (Lk 23,21) Das ganze Lukas-Evangelium zwischen Betlehem und Jerusalem stellt uns vor die Aufgabe, wie wir in dem Folgenden die Worte und Werke des Jesus aus Nazaret auf eine Weise verinnerlichen, die uns davor bewahrt, diese unsere Welt in ein nicht endendes Golgota zu verwandeln. Unter der Überschrift *Realitätsprinzip* hat Erich Fried (1921–1988) einmal diesen Konflikt zwischen »Traum« und »Tag«, in dem die Hirten sich zwischen Engelbotschaft und Krippenwirklichkeit bewegen, mit den Worten geschildert:

Die Menschen lieben
das heißt die Wirklichkeit hassen.
Wer lieben kann
der kann alles lieben
nur sie nicht

Die Wahrheit lieben?
Vielleicht.
Erkennen kann Lieben sein.
Aber nicht die Wirklichkeit:
Die Wirklichkeit ist nicht die Wahrheit.

Was wäre das
für eine Welt
wenn die Wirklichkeit
diese Wirklichkeit rund um uns
auch die Wahrheit wäre?

Die Welt vor dieser
Wirklichkeit retten wollen.
Die Welt wie sie sein könnte lieben:
Die Wirklichkeit
aberkennen

Weihnachten gilt uns als das Fest des Friedens. An Weihnachten soll unser Weg durch das Leben anfangen, ein Weg des Friedens zu sein, den wir ohne Streit und Kampf gehen, ohne Vorwürfe und Anklagen, im Frieden mit Gott, im Frieden mit uns selbst, im Frieden mit unserem Geschick, im Frieden mit den Menschen um uns her. Wenn uns der Friede gelingt, ist unser Lebensweg gelungen.

Jörg Zink

Die Schätze der Völker bringen sie dir

Dietrich Steinwede

Alle Völker werden von dem Licht angezogen,
das sich über dich ergießt.
Und ihre Könige wollen den Glanz sehen,
in dem du erstrahlst.

Sieh, was um dich her geschieht.
Sieh, wie sie sich versammeln.
Freuen wirst du dich.
Vor Glück wird das Herz dir klopfen.

Die Schätze der Völker bringen sie dir.
Von jenseits des Meeres kommen ihre Reichtümer.

Ganze Karawanen von Kamelen kommen
aus Midian und Efa.
Aus Saba kommen sie mit Gold und Weihrauch,
dich zu rühmen.

    nach *Jesaja* 60,3–6

»Hier ist das Gold, der Weihrauch hier, und hier, o Kind,
die Myrrhe«, dichtet Manfred Hausmann. In einer Inschrift des Königs Sethos I. in Abydos (1300 v. Chr.) heißt
es: »Es kommt der Weihrauch. Es kommt der Gottes-
duft.« Und in seiner »Legenda aurea« (1267) erzählt Ja-
cobus de Voragine, dass selbst Kaiser Augustus dem Kind
Weihrauch geopfert habe.

Weihrauchkörner wurden auf Altären für römische Götter verbrannt (im 3. Jahrhundert wollte man die Christen zu diesem Opfer zwingen), aber auch für den Gott der Juden im Jerusalemer Tempel – man denke nur an die Zachariasgeschichte. Weihrauchdampf steigt noch heute in der römischen Messe auf.

Der Weihrauchbaum wächst in Nordafrika und Arabien. Wenn man seine dünne Rinde ritzt, tritt ein weißliches Harz, das später Körner bildet, aus. Myrrhe, Leiden und Tod symbolisierend, wird ebenfalls aus Bäumen und Sträuchern – es sind Pflanzen der Gattung Commiphora – als gummiartiges Harz gewonnen. Dessen Verwendung für die Einbalsamierung von Leichen wird in Johannes 19,38–40 deutlich: »Pilatus überließ Josef von Arimathäa den Leichnam Jesu, und Josef ging und nahm ihn vom Kreuz ab. Auch Nikodemus, der Jesus einmal nachts aufgesucht hatte, kam mit, er brachte Myrrhenharz mit Aloe. Die beiden Männer nahmen den Leichnam Jesu und wickelten ihn mit den Duftstoffen in Leinenbinden, wie es der jüdischen Begräbnissitte entsprach.«

Denkbar ist, dass Matthäus bei der Gabe des Goldes an die goldenen Ehrenkränze gedacht hat, die römischen Kaisern von Provinzstatthaltern und hohen Würdenträgern als Ehrengabe überreicht, aber auch als Tribut unterworfener Völker dargebracht wurden. Auf einer spätrömischen Goldmünze sind solche Ehrenkränze abgebildet. Im Kuppelmosaik des Baptisteriums der Arianer in Ravenna (6. Jh.) schreiten Apostel mit solchen Kränzen in den Händen auf den Thronsitz Christi zu. Und im frühchristlichen Trinitätssarkophag von Arles (um 325) ist ein solcher Ehrenkranz dem ersten der anbetenden Magier in die Hand gegeben.

Denkbar ist auch, dass der Brauch des Schenkens zu Weihnachten auf die Gaben der Magier zurückzuführen ist.

Jene haben Gold dargebracht;
du gibst kaum ein Stück Brot her.
Jene sahen den Stern und freuten sich;
du aber siehst Christus selbst, arm und entblößt,
und es rührt dich nicht.
Wer von euch,
die ihr doch tausend und abertausend Wohltaten
von Christus empfangen habt,
hat schon um seinetwillen einen solchen Weg
zurückgelegt
wie jene Barbaren oder vielmehr wie jene Weisesten
aller Weisen?
Johannes Chrysostomos (344–407)

Und in einem Traum
… befahl ihnen Gott,
nicht noch einmal zu Herodes zu gehen.
Da zogen sie auf einem anderen Weg
wieder in ihr Land.
Matthäus 2,12

»Für die Magier war, wenn sie begriffen haben, alles anders geworden, als sie nach Hause ritten. Gott war größer. Die Welt war voll Gott. Und so reisten sie nicht nur auf einem anderen Weg, sondern im Grunde auf einer anderen Erde nach Hause: auf einer erlösten, einer der Finsternis gerade nicht mehr ausgelieferten Erde« (Jörg Zink).

Auf einem Kapitell des Meisters Gislebertus (1120–1130), ursprünglich in der Kathedrale Saint Lazare, Autun, liegen friedlich, Kopf an Kopf, die drei Gekrönten unter einer einzigen, halbrund geschwungenen, am Rande verzierten Decke. Der Engel mit Stirnband und Nimbus, hinter dem Pfostenbett stehend, berührt mit seinem rechten Zeigefinger behutsam die auf der Decke liegende Hand des oberen Königs. Dieser – es ist derjenige mittleren Alters unter den dreien – ist dadurch erwacht (die beiden anderen schlummern friedlich weiter). Der Erwachte aber lauscht offenen Auges der Botschaft, sieht gewissermaßen mit dem inneren Auge den Stern über sich, auf den der Engel mit dem linken Zeigefinger deutet.

Dass ein Engel schlafende Weise (Könige) auf die Reise nach Jerusalem schickte, davon erzählt das Neue Testament nichts. So kann Meister Gislebertus, der zu den Großen der romanischen Kunst, ja zu den bedeutendsten Bildhauern des Mittelalters überhaupt gehört, in seinem Kapitellbild nur Matthäus 2,12 gemeint haben. Und wir könnten sagen: Indem der Engel den schlafenden Königen einen neuen Weg weist, gibt er ihnen noch einmal den Stern als Wegbegleiter mit. Man muss manchmal träumen, um zu erfahren, wo es langgeht.

*D*ie Geschichte von der Geburt des Kindes in Bethlehem sagt uns: Du bist auf die Erde gesandt. Gehe nun diesen Weg auf der Erde, achte auf Gottes Willen, achte auf seine Führung, auf die Zeichen, die er dir gibt. Der dich gesandt hat, ist da. Er führt dich. Er begleitet dich mit dem Gesicht eines Bruders. Er stützt dich. Er zeigt dir deinen Weg. Er empfängt dich am Ende. Und er führt dich weiter, ohne Aufhören. Unendlich.

Gehe nun in Gedanken den Weg entlang, den Jesus Christus gegangen ist von diesem Anfang in Bethlehem her. Es ist dein Weg. Geh ihn, einige dich mit dem Willen Gottes, der ihn dir zugewiesen hat. Und lebe im Frieden.

Jörg Zink

Liebe Leserin, lieber Leser,

gerne informieren wir Sie künftig über unsere
Neuerscheinungen. Teilen Sie uns mit, für welche
Themen Sie sich interessieren und schicken einfach
diese Karte zurück.
Wenn Sie außerdem unsere Fragen auf der Rückseite
beantworten, helfen Sie uns, zukünftig genau die Bücher
zu machen, die SIE interessieren!

Gerne revanchieren wir uns für Ihre Mühe:
Unter allen Einsendern verlosen wir monatlich Bücher
aus unseren Programmen im Wert von € 50,-

VORNAME / NAME
....

STRASSE / HAUSNUMMER
....

PLZ / ORT
....

E-MAIL
....

Bei Angabe Ihrer Mail-Adresse erhalten Sie rund 6 Mal jährlich unseren

Antwort

VERLAGSGRUPPE PATMOS

Senefelderstraße 12
D-73760 Ostfildern

Ihre Meinung ist uns wichtig!

Diese Karte lag in dem Buch:

....

Ihre Meinung zu diesem Buch:

....

....

Wie sind Sie auf dieses Buch gestoßen?

- ○ Buchbesprechung in:
- ○ Anzeige in:
- ○ Verlagsprospekt
- ○ Entdeckung in der Buchhandlung
- ○ Internet
- ○ Empfehlung

Für welche Themen interessieren Sie sich?

- ○ Religion
- ○ Spiritualität & Lebenskunst
- ○ Kinder & Familie
- ○ Kirche & Gemeinde
- ○ Theologie & Religionswissenschaft

- ○ Garten / Kochen / Wohnen
- ○ Kalender & Geschenke
- ○ Psychologie & Lebenshilfe
- ○ Geschichte/Geschichtswissenschaft

Fordern Sie unsere aktuellen Themenprospekte an:

bestellungen@verlagsgruppe-patmos.de
Fax +49.711.4406-177
Tel. +49.711.4406-194

Einen Überblick über unseres **Gesamtprogramms** finden Sie unter
www.verlagsgruppe-patmos.de

PATMOS
ESCHBACH
GRUNEWALD
THORBECKE
SCHWABEN

Die Verlagsgruppe

Maria – Mutter Jesu

Dorothee Sölle

Die Eltern der Jungfrau Maria kennen wir nicht aus der
Bibel, aber aus späteren Legenden, die die Tradition der
Bibel von der Erhöhung der Erniedrigten, der Aufrich-
tung der Getretenen fortsetzen. Sie knüpfen an die vielen
Geschichten von unfruchtbaren, kinderlosen Frauen an,
die wider Erwarten durch Gottes Eingreifen schwanger
werden, wie Sarah, die Frau des Abraham, wie Rahel, die
Frau von Jakob, die ihren Mann bestürmt mit dem ver-
zweifelten Schrei: »Schaff mir Kinder, sonst sterbe ich«
(Gen 30,1). Gott ist in der biblischen Tradition der, der
die Gebärmutter aufschließt und das Leben gibt. Als
Rahel später schwanger wird und ihren Sohn Josef ge-
biert, ruft sie: »Gott hat meine Schmach von mir ge-
nommen« (Gen 30,23). In dieser Tradition bedeutet
Fruchtbarkeit Altersversorgung und Segen. Unfruchtbar-
keit wurde erlebt als ein von Gott Vergessensein. Auch
Joachim und Anna, die Eltern der Maria, haben Anteil an
dieser Tradition. Sie waren nach der Legende zwanzig
Jahre lang verheiratet, ohne Kinder zu bekommen. Das
war für beide ein jeden Tag gefühltes und erfahrenes Un-
glück. Nicht nur ein Kummer des Herzens, es war auch
eine Schande in der Gemeinschaft. Frauen wurden aus-
gelacht und verhöhnt, und Joachim, der Vater der Maria,
wurde, als er ein Brandopfer im Tempel bringen wollte,
ausgeschlossen, ja, als ein Verfluchter verstoßen. In seinem Kummer ging er in die Wüste. Anna, die Mutter
Marias, lief mit Tränen in den Augen in den Garten. Eine

Sage erzählt, dass sie dort ein Vogelnest gesehen hat, mit jungen Vögeln, die gerade ausgeschlüpft waren. Da soll sie zu Gott geklagt haben: »Herrscher des Himmels und der Erde, warum versagst du mir das, was du doch selbst den Vögeln des Himmels schenkst?« Mit einem Mal erschien ihr ein Engel und verhieß ihr ein Kind, ein Mädchen. Das war Mirjam, Maria, Mary, Marie, Marija, die Frau, deren Namen ungezählte Frauen später tragen sollten.

Eine alte, unfruchtbare Frau wurde Mutter; ein unbedeutendes, nutzloses Wesen in den Augen der Welt, in der sie lebte, wurde in die große Geschichte Gottes mit seinem Volk eingeschrieben. Die ganze Geschichte ist voll von diesen verrückten Sachen, die sich biologisch nicht erklären lassen. Sara war alt und in der Menopause, als sie Isaak bekam, Hanna bekam als alte Frau den Samuel. Anna empfing die Maria. Und so wurde auch Maria schwanger ohne Zutun eines Mannes.

Maria ist in Nazaret aufgewachsen, in einem kleinen, armseligen Dorf im Landesinneren, halbvergessen im galiläischen Gebirge, etwas oberhalb des Sees Gennesaret gelegen. Das Dorf galt als Räubernest. »Kann denn aus Nazaret etwas Gutes kommen?!«, fragten sich die Leute (Joh 1,46). Es gab nur wenige einfache Hütten, manche in den Berg hineingebaut. Nazaret hatte eine einzige Wasserstelle, die für alle genügen musste. Sie war der Treffpunkt für die Frauen, sie schöpften dort Wasser, mit dem sie dann die großen Vorratskrüge zu Hause auffüllten. Im Gebetshaus, der Synagoge, versammelte sich die Gemeinde am Sabbat. In der kleinen Schule nebenan lernten die Kinder, die Bibel in Hebräisch zu lesen, untereinander sprachen sie aramäisch. Vielleicht hat Maria auch bei ihrer Mutter lesen gelernt?

Im Nordosten Brasiliens wird heute das Mädchen Maria dargestellt, wie sie von der heiligen Anna, ihrer Mutter, in den »Schriften« unterrichtet wird. Es gibt im Volk eine feministische Tradition der Glaubensweitergabe von Frau zu Frau, und sie wird heute von den kirchlichen Basisgemeinden, in denen Frauen häufig Gemeindeleiterinnen sind, reaktiviert und erinnert. In der gesamten Geschichte finden wir die Tradition der lesekundigen, belesenen, andere belehrenden Muttergottes. Manche Darstellungen erzählen, dass Maria sogar auf der Flucht nach Ägypten ruhig lesend auf dem Esel sitzt, während Josef den kleinen Jesus hält. Im späten Mittelalter schenkt die gelehrte Maria armen Mägden einen Psalter – und befördert so die Frauenbildung!

Hat sie nicht auch gelesen, als der Engel Gabriel zu ihr ins Zimmer trat, um ihr die große Freude zu verkündigen? Auch in dieser Frage gibt es sehr verschiedene Traditionen: In den orthodoxen Kirchen wird Maria gern dargestellt als die den Vorhang des Tempels webende, die Seide und Purpur spinnende junge Frau; im Westen ist es eher die meditierende, die den Psalter lesende Maria, vielleicht auch einfach ein junges Mädchen, das seinen Träumen nachhängt.

In Liturgie, Dogmenbildung und der klerikal beeinflussten Literatur war Maria bis ins Hochmittelalter hinein nicht sonderlich beliebt. Sie gehörte den Armen, den Ungelehrten, den Bettelmönchen, dem Volk. Die »Madonna der Spitzbuben« hat man sie genannt, also die Madonna des verarmten Landproletariats, das mit den sich ständig verschärfenden Gesetzen, die das Eigentum definierten, in Konflikt geraten musste. Eine polnische Legende erzählt von einem Räuber, der Maria anruft, ehe sie ihm den Strick um den Hals legen. Sie eilt herbei, stellt sich unter den Galgen und stützt die Füße des Gehenkten, drei Tage und drei Nächte. Dann wird er, vermeintlich tot, abgeschnitten und läuft mit Dank an die Jungfrau davon. Diebe und Räuber, der Klosterzucht entlaufene Mönche und Nonnen sind die Helden solcher Legenden, die, die gegen *Law and order,* gegen das männliche Herrschafts- und Ordnungsdenken sind. Da ist eine Äbtissin »gefallen« und bringt ein Kind zur Welt: Maria hilft als Hebamme aus. Eine Nonne ist dem Kloster entlaufen: Maria vertritt sie jahrelang im klösterlichen Gebetsdienst.

Das Lukasevangelium erzählt zu Beginn eine Geschichte von zwei einfachen jüdischen Frauen namens Elisabet und Maria, die beide ein Wunder erleben. Beide sind kinderlos, beide werden schwanger. Die sehr alte Elisabet, die ihr Leben lang kein Kind bekam (Lk 1,7), empfängt Johannes. Maria, eine sehr junge Frau (»Jungfrau« Lk 1,27) von vielleicht 13 oder 14 Jahren, wird die Mutter von Jesus. Die beiden Frauen, die eine am Anfang ihres Erwachsenwerdens, die andere am Ende ihres Lebens, haben etwas mit Gott erlebt, das sie zu neuen Menschen, zu Prophetinnen werden lässt. Ihre Freude drückt sich in Erfahrungen aus, die so nur Frauen machen können: Das Kind im Leib der Elisabet, der spätere Johannes, begrüßt strampelnd das Kind im Leib der Maria. Dann singt Maria mit den Worten der Tradition (1 Sam 2,1–10) das Magnificat, das Lied von der Gerechtigkeit auf der ganzen Erde, einen der großen Texte der christlichen Überlieferung.

Die Legenden rund um die Geburt Jesu sind ein Stärkungsmittel von Menschen, die »im Finstern sitzen«, das sie fähig macht, aus dem Finstern herauszugehen. Maria ist mit Josef verlobt. Ein Engel kündigt ihre Schwangerschaft an und verkündet mit feierlichen Worten aus der Bibel, dass ihr Sohn der Messias Israels sein wird. Messias – das bedeutet: ein von Gott geschickter König, der anders als die Könige der Erde Gerechtigkeit schaffen und die Bedrohung des Volkes überwinden wird (Lk 1,31–33). Maria reagiert nüchtern: Wie soll das zugehen, dass ich ohne Geschlechtsverkehr schwanger werde? (Lk 1,34) Der Engel antwortet: Die göttliche Kraft wird das Kind in dir erschaffen, ebenso wunderbar wie das Kind, das die alte Frau Elisabet im Leibe trägt.

Ohne die jüdische Tradition lässt sich die Rolle der Mutter Jesu nicht verstehen. Hier soll nicht ein Dogma etabliert und die unberührte Jungfrau als »rein« *(virgo intacta)* verklärt werden. Im jüdischen Denken wird Gott als der Schöpfer des Lebens erfahren. Die Schwangerschaft wird als Wunder, als Handeln Gottes erlebt, nicht als die Folge einer sexuellen Beziehung. »Gott hat die Erniedrigung seiner Sklavin beendet«, singt Maria in ihrem Jubellied und stellt sich so in die Reihe der Vormütter. Das hier gebrauchte Wort *tapeinosis* hat in der griechischen Bibel der Juden, der »Septuaginta«, sehr oft den Sinn von Gewalterfahrungen, auch Vergewaltigungen, und in eben diesem Sinne wird die Erniedrigung von Frauen hier aufgehoben. Zum Lobe Gottes singt sie, dass er »Mächtige von den Thronen gestürzt und Erniedrigte erhöht« hat. Es ist die Revolution Gottes. Die Armen werden satt, und die Reichen müssen sich ihren Lebensunterhalt selbst verdienen, denn ihre Hände sind jetzt leer. Die mächtigen Herrscher des weltweiten Römischen Reiches verlieren ihre Macht. Erniedrigte wie das junge

Mädchen Maria und das verarmte jüdische Volk werden zu Gottes geliebten Kindern. Alle Verheißungen der Geschichte Israels sind erfüllt worden. Das Lied setzt eine präzise kritische Analyse der wirtschaftlichen und politischen Situation des von Rom unterworfenen jüdischen Volkes voraus.

Das Lied Marias nimmt das Herzstück der Botschaft Jesu vorweg – oder wiederholt es, wenn wir die späte Entstehungszeit dieser Legenden berücksichtigen. Die Menschen, die hier zu Wort kommen, wissen, dass Jesus hingerichtet wurde. Jesu Leben wird in dem Lied Marias als Beginn der weltweiten Gerechtigkeit gedeutet. Und so ist sein Weg auch von Jesus selbst gedeutet und gestaltet worden.

Die »Weihnachtsgeschichte«, erzählt, wie es kam, dass Jesu Eltern – Maria war inzwischen hochschwanger – aus dem unbedeutenden Dorf Nazaret in Galiläa in die Davidsstadt Betlehem wandern mussten. Eine römische Volkszählung zwang sie dazu, weil Josefs Familie auf David zurückgeführt wurde. So wurde Jesus nicht in Nazaret, sondern in Betlehem geboren, in der Stadt Davids, aus der das jüdische Volk den Messias erwartete.

Die Weihnachtsgeschichte ist in ihren Inhalten eine Fortsetzung von Marias Lied. Dort in Rom sitzt ein Kaiser, der eine umfassende Besteuerung der unterworfenen Bevölkerung anordnen kann. Hier in Betlehem wird ein Kind geboren – in einem Stall nomadischer Hirten. Der Kaiser in Rom spricht vom weltweiten Frieden, der *Pax Romana*. Der angebliche weltweite Friede verbirgt sein hässliches Gesicht, Verarmung und Gewalt, auch in den abgelegenen Dörfern nicht. Diesem Kind aber huldigt der ganze Hofstaat Gottes: »Friede auf Erden« (Lk 2,1).

Ein uneheliches Kind einer armen Mutter wird zum Mittelpunkt der Welt. Hier fängt der Friede an, der die ganze Erde umfassen will. Heute sänge Maria vielleicht so:

Meine Seele sieht das Land der Freiheit
und mein Geist wird aus der Verängstigung
herauskommen;
die leeren Gesichter der Frauen werden mit Leben
erfüllt,
und sie werden Menschen werden, von Generationen
vor uns,
den Geopferten, erwartet.
Gott hat große Dinge an mir getan;
er stößt die Gewaltigen von ihren Thronen,
und die Getretenen richtet er auf.
Barmherzigkeit wird erscheinen,
wenn die Abhängigen das vertane Leben aufgeben
und lernen, selber zu leben.

Geh denn deinen Weg, bereit, auch Nacht und Rätsel und Zweifel zu durchwandern und den unteren Weg zu gehen. Nicht den der Erfolge. Der endet mit Gewissheit irgendwann. Nicht enden wird dein Weg. Der führt weiter. Unterwegs aber höre auf das, was Jesus Christus dir sagt: Selig sind, die arm sind in Erwartung des Geistes, ihrer ist das Reich Gottes. Selig sind die Barmherzigen, die Friedenschaffenden, die Leidenden, die Verfolgten, die Geduldigen – denn sie sind es, die ihren Weg zusammen mit Christus gehen; besser: in denen Christus seinen Weg geht. Geh also in Gedanken den Lebensweg dieses Kindes mit bis an sein Ende und bis zu dem neuen Anfang, der Auferstehung heißt. Es ist dein Weg. Geh ihn, achtsam und konsequent.

Jörg Zink

Autorinnen und Autoren

Eugen Drewermann arbeitet seit dem Entzug seiner Lehrerlaubnis und Suspension vom Priesteramt als Therapeut und Schriftsteller.

Willi Hoffsümmer ist bekannt als passionierter Geschichtenerzähler. Seine Geschichtensammlungen sind überaus beliebt, die Gesamtauflage seiner Bücher beläuft sich auf mehr als 1,3 Millionen Exemplare. Er ist Pfarrer in Erftstadt-Bliesheim.

Margot Käßmann ist Pfarrerin und seit April 2012 Botschafterin der Evangelischen Kirche Deutschlands für das Reformationsjubiläum 2017. Margot Käßmann ist Mutter von vier erwachsenen Töchtern.

Thomas Meurer, 1966-2010, war Professor für Katholische Theologie und Religionspädagogik am Institut für Philosophie und Theologie der Pädagogischen Hochschule Karlsruhe; bekannt durch zahlreiche Veröffentlichungen und durch Hörfunkproduktionen.

Dorothee Sölle, 1929–2003, ev. Theologin und Schriftstellerin, lehrte von 1975–1987 systematische Theologie am Union Theological Seminary in New York.

Dietrich Steinwede arbeitete als Dozent für Religionspädagogik in Loccum und am Pädagogisch-Theologischen

Institut Bonn-Bad Godesberg. Er ist Autor zahlreicher Bücher zu Themen der Geschichte und Religion und einem großen Publikum bekannt.

Fridolin Stier, 1902–1981, war katholischer Priester und von 1946 bis 1954 Ordinarius für Altes Testament. Stier publizierte neben seiner Bibelübertragung, der er fast 20 Jahre widmete, etwa 50 umfangreiche Werke über Altes und Neues Testament und Nachbar-Disziplinen.

Uwe Wolff ist promovierter evangelischer Theologe und mehrfach ausgezeichneter Publizist.

Jörg Zink ist Theologe und Publizist. Er ist bekannt als sensibler Bibelübersetzer und Autor zahlreicher Bücher zu Fragen des christlichen Glaubens und Lebens sowie zu spirituellen Themen. Er lebt in Stuttgart.

Herausgeber

Thomas Nahrmann ist Lektor für Religion und Spiritualität im Patmos Verlag.

Textnachweise

Eugen Drewermann, aus: Das Lukasevangelium. Bilder erinnerter Zukunft, Band 1, S. 116–136, © 2009 Patmos Verlag der Schwabenverlag AG, Ostfildern

Willi Hoffsümmer, aus: 33 Predigten über das Wunder der Heiligen Nacht. Mit Geschichten und Symbolen. S. 65–67; S. 80–85, 2. Auflage 2011, © 2008 Matthias Grünewald Verlag, Ostfildern, (Titel vom Herausgeber)

Margot Käßmann, aus: Ganz Mensch werden. Gedanken zu Advent und Weihnachten, S. 6–20, 3. Aufl. 2010, © 2008 Verlag am Eschbach der Schwabenverlag AG, Ostfildern

Thomas Meurer, aus: In der Mitte der Nacht. Wo Weihnachten beginnt, © 2005 Schwabenverlag AG, Ostfildern

Dorothee Sölle, aus: Gottes starke Töchter. Große Frauen der Bibel, S. 98–103, Topos Taschenbücher Band 688, © 2013 Matthias Grünewald Verlag, Ostfildern

Dietrich Steinwede, aus: Nun soll es werden Frieden auf Erden. Weihnachten – Geschichte, Glaube und Kultur, S. 122–124, © 2010 Patmos-Verlag der Schwabenverlag AG, Ostfildern.

Fridolin Stier, aus: Das Neue Testament. Übersetzt von
Fridolin Stier, S. 9–10; 128–129, © 1989 Patmos Verlag
der Schwabenverlag AG, Ostfildern

Uwe Wolff, aus: Der Mann aus Nazaret. Das Leben Jesu
neu erzählt, S. 17–34, Topos Taschenbuch Band 832,
© 2013 Matthias Grünewald Verlag, Ostfildern

Jörg Zink, aus: Frieden ist in meiner Seele. Täglich ein
Text, S. 152–156, Ostfildern 2007, © Verlag am Eschbach
der Schwabenverlag AG, Ostfildern

Ein weihnachtlicher Mensch werden

Hildegund Keul
Weihnachten – Das Wagnis der Verwundbarkeit

Format 12 x 19 cm
144 Seiten
Hardcover
ISBN 978-3-8436-0440-6

Die Weihnachtsgeschichten erzählen, wie leidenschaftlich und zugleich verletzlich Menschen sind. Verwundbar ist das neugeborene Kind. Auch Maria und Josef sind es, als sie in der Herberge keinen Platz finden und später sogar fliehen müssen. Wie gehen die Menschen an der Krippe mit Verwundbarkeit um – setzen sie auf Selbstschutz oder wagen sie Hingabe? Und macht sich nicht auch Gott verwundbar, als er Mensch wird in jenem Kind, um das sich an Weihnachten alles dreht? Fragen nach Verwundung und Heil, Selbstschutz und Hingabe sind aktueller denn je – im persönlichen Leben, in politischen Konflikten, in sozialen Herausforderungen.

PATMOS
www.patmos.de